——————— 세계 경제의 불균형 회복

코로나19의 충격 이후 선진국은
빠른 속도로 경제를 회복하는 반면
그 외의 국가들은 아직 경제 충격에서
벗어나지 못하고 있다.
그리고 이런 현상은 세계 경제에
악영향을 주고 있다.

긴축의
시 대

긴축의 시대

인플레이션
쇼크와
금리의
역습

김광석 지음

INFLATION SHOCKS AND
INTEREST RATES' COUNTERATTACK

21세기북스

프롤로그

누구는 '오른다' 말하고, 다른 누군가는 '떨어진다' 말한다. 누구는 '담아야 한다' 말하고, 다른 누군가는 '팔아야 한다' 말한다. 언제까지 누구의 말을 듣고 판단할 것인가? 나 스스로 판단할 수 있어야 한다. 경제의 구조적 변화를 읽어내고, 돈의 이동을 관찰해야 한다.

'왜 내가 사면 떨어지나?' 개인투자자들의 탄식이 끊이지 않는 박스권 장세다. 초인플레이션 압력, 중국 봉쇄 쇼크, 러시아 전쟁 장기화, 미국의 자이언트 스텝 기준금리 인상, 연일 끊이지 않는 악재가 되풀이되면서 한국의 주식 시장 또한 반등할 기미가 좀처럼 보이지 않는다. 생각을 전환해보자. 사실 '내가 사면 떨어지는 것'이 아니라 '떨어질 때 내가 산 것'이다.

초인플레이션과 긴축의 시대

　이른바 초인플레이션의 시대다. 미국은 41년 만의 인플레이션 쇼크가 발생했다. 8%대의 높은 물가상승률은 40년을 살아본 경험이 없는 20~30대에게는 처음 경험하는 숫자인 것이다. 한국의 물가상승률도 2022년 5월 5.4%를 기록했다. 한국의 소비자물가도 글로벌 금융위기의 충격이 작용했던 2008년 10월 이후 최고치다. 모든 원자재 가격이 폭등함에 따라 소비 품목 전반에 걸쳐 가격이 반영되고 있고, 이러한 현상은 생각했던 것보다 더욱 장기화할 것으로 보인다.

　세계 각국은 인플레이션을 잡기 위해 두 팔을 걷어붙이고 있다. 인도네시아가 팜유 수출을 차단한 데 이어, 인도는 밀 수출을 차단하기로 했고, 말레이시아는 닭고기 수출을 차단하기로 했다. 가격이 폭등할 때 수출하면 나라 살림에 도움이 될 텐데 수출을 막은 것은 물가 잡기가 더 시급하다고 판단해서다. 자국의 식료품 물가상승을 억제하기 위한 수단들이 집중되고 있다. 한국과 같은 자원 빈국은 원자재를 더 구할 방법을 찾아 나서고, 자원 부국은 원자재를 내줄 수 없는 처지다. 이러한 자원 보호무역주의는 더 큰 수급 불균형을 만들고 글로벌 인플레이션 위협을 가중시킨다.

2020년 팬데믹 경제위기에 대응하기 위해 세계 주요국들은 이 례적인 속도와 강도로 기준금리를 인하했다. 경제 충격으로부터 대응하기 위해 이른바 '빅컷(Big Cut)'을 단행한 것이다. 세계는 '완화 의 시대'를 맞이했다. 돈의 가치가 급격히 하락하면서 주식, 부동 산, 가상자산 등 자산 가치가 일제히 상승했다. 통화정책 기조가 급격히 전환되었다. 2022년까지 나름의 경기 회복세가 실현되었 고, 주요국들은 통화정책을 정상화하기에 이른다. 기준금리를 인 상하고, 시중에 풀렸던 유동성을 거둬들이는 긴축의 시대로 전 환되었다.

긴축의 시계가 빨라졌다. 세계적으로 빅스텝 행보가 이어지고 있는 데다가 미국은 결국 자이언트 스텝을 단행했다. 선진국들을 중심으로 수요가 늘어났지만, 코로나19 봉쇄로부터 아직 자유롭 지 못한 신흥개도국들의 공급이 원활하지 못했다. 공급망 대란으 로 원자재와 부품 전반에 걸쳐 가격이 상승하던 터에 시작된 러시 아의 우크라이나 침공은 인플레이션 불꽃에 기름을 붓는 역할을 했다. 미국은 인플레이션을 잡기 위해 기준금리 인상 속도를 앞당 기기 시작했다. 새롭게 부임한 이창용 한국은행 총재도 기준금리 를 0.5%p 인상하는 빅스텝을 배제할 수 없다는 입장을 보였다.

불균형 빅스텝 행진과 신흥국 불안

　문제는 물가상승 압력이 불균형하다는 데 있다. 미국을 비롯한 주요 선진국들은 수용할 수 없는 강한 인플레이션 압력이 작용하고 있는데 신흥개도국들은 압력이 상대적으로 덜하다. IMF는 미국과 영국의 2022년 연간 물가상승률을 각각 7.7%, 7.4%로, 한국과 일본은 각각 4.0%, 1.0%로 전망했다. 세계적으로 인플레이션 압력이 작용하고 있으나 국가 간 정도의 차이가 있다. 선진국끼리도, 신흥개도국들끼리도 인플레이션 압력의 정도가 상당히 다르다.

　어떻게 진단하느냐에 따라 처방도 달라진다. 미국 경제는 인플레이션이고, 신흥국들은 스태그플레이션 초입에 해당한다. 그 어떤 나라들보다 미국의 인플레이션 압력이 크게 작용하고 있기 때문에, 빅스텝이든 자이언트 스텝이든 동원해야 한다. 경제도 견조한 흐름을 뒷받침하고 있기 때문이다. 그러나 신흥국들은 아직 코로나19의 충격에서 벗어나지도 못할 만큼 경기 흐름이 지지부진한데, 물가 부담만 가중되는 스태그플레이션 위협에 처해 있다. 따라서 미국이 자이언트 스텝으로 달려갈 때, 함께 따라가기보다 지켜만 볼 수밖에 없는 입장이다. 물가 잡겠다고 기준금리를 올렸다가는 경기침체라는 더 무서운 악당한테 잡힐 수 있기 때문이다.

머니 무브먼트, 돈의 대이동

돈의 이동이 일어나고 있다.

첫째, 안전자산으로 돈이 몰리고 있다. 금리는 곧 돈의 가치를 말하고, 돈의 가치가 올라가니 주식 시장에서 은행으로 이동할 수밖에. 공격적 투자자산인 주식 시장은 박스권에서 벗어날지 모르고 있다. 실물경제가 회복되어도 세계적으로 주식 시장이 좋지 않은 이유는 바로 돈의 이동 때문이다. 변동성이 큰 대표적인 위험자산인 가상화폐도 급락했다. 가상화폐 시장의 40% 가까이 차지하는 비트코인은 2021년 11월 고점 대비 이미 54% 넘게 하락했다. 가상화폐 시장에서 약 1천 20조 원이 사라졌다.

둘째, 신흥국에서 선진국으로 이동하고 있다. 강달러 현상이 지속되면서 외국인 투자자들은 신흥국에 투자했던 자금을 적극적으로 회수하고 있다. 신흥국에 투자해서 5% 수익을 본들, 그 돈을 달러로 바꾸면 1%밖에 안 된다. 그렇기 때문에 투자자들 입장에서는 투자금을 회수하는 것이 좋은 의사결정으로 여겨질 것이다.

실물경제 측면에서 선진국 범주에 있는 한국은 자본시장에서는 아직 신흥국으로 분류되어 있으므로 위와 같은 두 가지 돈의 이동에 따른 직격탄을 피할 수 없다.

어디로 갈 것인가? 길을 찾는다면…

길을 찾아야 한다. 주식 전문가는 주식에 부동산 전문가는 부동산에 투자하라 말한다. 금리가 떨어지고 환율도 바닥이니 '주식 투자해야 한다' 말했으면서, 금리와 환율이 오르는 시점에도 왜 계속 '주식 투자해야 한다' 말하는가? 부동산 전문가도 마찬가지다. 스스로 경기를 판단하는 능력을 갖춰야 한다.

이 책은 이 시대를 관통하는 경제의 흐름을 한 눈에 보여준다. 경제가 생물이라면, 금리는 피와 같다. 경기 및 물가와 같은 실물경제가 금리에 영향을 미치고, 금리는 다시 환율 및 증시와 같은 금융에 영향을 미친다. 이 책에서는 금리를 중심으로 한 경제의 흐름을 이해하고 개인의 투자 의사결정이나 기업의 경영 전략에 필요한 인사이트를 제공할 것이다.

이 책은 크게 4개의 부로 구성되었다. 1부 '초인플레이션(Hyper Inflation) 압력'에서는 초인플레이션에 집중했다. 팬데믹 경제위기 이후 세계 경제가 불균형하게 회복되는 과정에서 공급망 병목 현상이라는 덜미에 붙잡혔다. 코로나19가 끝나기도 전에 러시아 전쟁이 발발했고, 원자재 가격이 폭등하기에 이르렀다. 특히 식료품 원자재 가격이 치솟으면서 글로벌 식량 전쟁의 시대에 놓이게 될 것으로 전망한다. 초인플레이션 현상의 배경을 다면적으로 분석하고, 향후 어떤 경과를 보일지 그림을 그렸다.

2부 '돈의 대이동(Money-Movement)'에는 금리에 관한 모든 것을 담았다. 이 책의 핵심인 3부를 온전히 이해하기 위한 경제 기초를 제시했다. 금리는 무엇이고, 물가와 무슨 관계인지 설명한다. 기준금리는 누가 결정하고, 왜 인하 혹은 인상하는지도 기술했다. 금리의 변화에 따라 자산 가치에 거품이 생기거나 꺼지는 현상을 쉽게 이해할 수 있게 될 것이다. 경제 지식이 탄탄한 독자들이라면 2부를 생략해도 될 것 같다.

3부 '긴축의 시대, 기준금리 빅스텝 인상'에서는 통화정책 기조의 변화를 그려본다. 미국을 비롯한 주요국들의 통화정책 기조가 어떻게 변화하고 있는지를 살펴보고, 향후 빅스텝 기준금리 인상 등을 전망해본다. 스태그플레이션 위협을 받고 있는 한국은 기준금리 인상속도를 어떻게 가져갈 것인지를 판단한다.

4부 '금리의 역습, 반항하는 경제'에서는 긴축의 시대, 경제의 판도가 어떻게 정해질지를 제시하고, 대응책을 제안한다. 강한 달러의 시대가 지속될 것인지, 가계부채 폭탄은 터질지, 부동산 시장과 주식 시장에는 어떤 영향을 줄지를 분석했다. 특히 금리인상 이후 하반기 국내외 경제전망과 신흥국 위기 가능성을 진단했고, 개인뿐만 아니라, 기업과 정부의 대응 전략에도 미력하게나마 조언을 붙였다.

흔들리지 말아야 한다. 의존하지 말아야 한다. 스스로 '경제를 보는 눈'을 가져야 한다. 눈을 감고 운전하는 일이 없어야 한다. '경제를 보는 눈'을 선물하는 책이길 바란다.

경제읽어주는남자
김광석

차례

PART 2
돈의 대이동(Money-Movement)

PART 3
긴축의 시대, 기준금리 빅스텝 인상

CHAPTER 8   미국 연방준비은행의 통화정책 정상화 가속화

CHAPTER 9   세계 주요국들의 통화정책 정상화

CHAPTER 10   한국의 금리 인상

PART 4
금리의 역습, 반항하는 경제

CHAPTER 11   환율 전망이 말해주는 변화의 흐름

PART 1 —————

—————— 초인플레이션(Hyper-Inflation) 압력

CHAPTER 1

코로나19의 충격과 위드 코로나

코로나 팬데믹 사태가 발생한 2020년에는 역사상 유례가 없을 정도로 충격적인 경제 위기를 맞았다. 그 경제 위기를 가까스로 통과한 지금 돌아보면 2020년 경제는 '대봉쇄'라는 이름이 어울리는 어렵고 무시무시한 상황이었다.

1997년 IMF 외환위기를 모두 기억할 것이다. 우리는 그 위기를 정말 힘들게 극복했다. 외환위기는 우리 경제에 있어서는 역사상 가장 혼란스러웠던 시간이지만 당시 세계 경제는 2.6% 플러스 성장을 했다. 2008년 글로벌 금융위기는 또 얼마나 힘들었는가. 세계 경제가 패닉에 빠진 위기였다. 당시에는 세계 경제성장률이

−0.073%로 소수점 자리를 없애면 0% 성장했다. 그리고 2020년 팬데믹 사태로 인한 경제 위기에는 세계 경제성장률이 −3.1%였다. 이토록 큰 마이너스 성장은 1930년대 대공황 이후 처음 있는 일이다. 2020년의 경제 위기에 비하면 2008년의 마이너스 성장은 아무것도 아닌 것처럼 보일 지경이다.

이처럼 코로나19의 발생은 현존하는 인류에게 있어서는 처음 경험하는 경제 충격이었다. 그런 엄청난 경제 충격을 지난 우리는

세계 경제성장률 추이

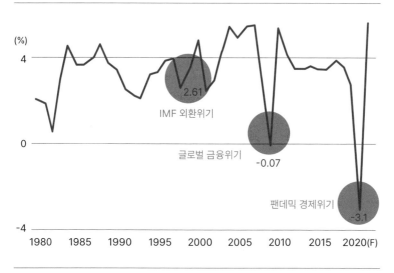

자료: IMF(2022.4) World Economic Outlook

PART 1 초인플레이션(Hyper-Inflation) 압력

위드 코로나(Living with Covid-19) 과정에서 코로나19 이전의 모습으로 완전히 돌아갈 수 있을까? 아니면 무엇인지 몰라도 코로나19 이전과는 사뭇 다른 경제 환경에 놓이게 될까? 아마도 많은 사람이 "달라질 것이다"라고 전망할 것이다. 그렇다면 구체적으로 어떻게 달라질 것인지 세계 경제의 흐름을 먼저 조망해보려고 한다.

이제 백신이 보급되고 치료제도 개발되면서 전 세계 각국은 '위드 코로나'로 전환하고 있다. 2021년은 코로나의 충격에서 회복하는 시기다. 백신 보급과 접종이 본격화되면서 전 세계 경제는 성장할 것으로 예상된다. 실제로 국내외 주요 기관들은 하나같이 2021년과 2022년 경제가 회복될 것이라고 발표했다. 세계 경제의 총량적(평균적) 지표들이 크게 개선돼 코로나19 충격 이전 수준으로 돌아갈 것으로 전망되고 있다.

대표적으로 IMF는 「세계 경제전망 보고서(World Economic Outlook Update)」를 통해 세계 경제는 2020년 −3.1%의 충격을 경험한 이후 2021년과 2022년 각각 6.1%, 3.6% 성장할 것으로 전망했다. 상당한 수준의 경제 회복세가 진전되고 있는 것이다.

물론 산업, 지역 등에 따라 차이가 있기 때문에 회복세를 실감하지 못하는 사람도 있을 것이다. 그렇지만 2020년 2분기 저점을 기록한 이후 비록 더딜지라도 오르막을 향하고 있는 것만은 사실이다. 2022년은 제자리로 돌아가는 시기다.

　쟁점은 우리의 일상이 코로나19 이전 수준으로 회복되느냐인데, 코로나19 팬데믹 이전으로 경제가 완벽히 돌아간다고 보기는 힘들다. 그보다는 코로나19와 함께하면서 제자리로 돌아가는 '바운싱 백(Bouncing back)'의 흐름에 우리는 놓여 있다. 1997년 아시아 외환위기와 2008년 글로벌 금융위기 때도 그랬듯, 역사적으로 경제 위기를 경험한 이후 이전 수준으로 완전히 돌아가는 데는 상당한 시간이 걸렸다.

코로나19 사태 이후의 변수들

　코로나19 사태 이후 국가별로 혹은 계층별로 양극화는 더 심해질 것으로 보고 있다. 백신 보급 속도가 국가별로 다르기 때문이다. 백신 보급 속도가 높은 선진국의 경우 코로나19 이전으로 경제가 회복될 수 있지만, 나머지 신흥 개도국이나 저소득 국가는 경제가 더 악화될 수 있다.

　코로나19 팬데믹 이후 선진국들이 먼저 바운싱 백 하기 시작하면서 수요가 증가한 반면, 개도국들은 여전히 봉쇄 조치를 취하면서 탄광이나 공장이 셧다운 한 상태를 유지했다. 이로 인해 원자재나 부품 공급에 차질이 생겨 '공급망 병목 현상'까지 나타났다. 그 결과 원자재를 비롯한 물가 전반의 상승세가 이어지고 있다.

코로나19의 발생 이후에 플랜B, 플랜C, 플랜D에도 없었던 전혀 새로운 변수들이 등장하면서 세계 경제에 악재를 불러왔다. 여러 가지 악재 중 하나가 바로 인플레이션이다. 인플레이션이라는 말은 쉽게 말해 물가가 크게 상승한다는 뜻으로, 물가가 높아지는 과정에서 돈의 가치는 자연스럽게 떨어지게 된다. 그래서 인플레이션은 세계 경제에 위협적인 요소다.

그러므로 인플레이션이 나타났을 때 그냥 지켜보기만 할 수는 없다. 그럼 어떻게 대응해야 할까? 물가를 잡기 위해 선진국, 개도국 할 것 없이 모든 국가가 금리를 인상한다. 미국이 먼저 금리를 인상하기 시작했고 우리나라도 마찬가지다. 그런데 문제는 금리를 인상해도 물가가 쉽게 잡히지 않는 상태라는 것이다.

엎친 데 덮친 격으로, 그 누구도 예상하지 못했던 또 다른 재앙이 등장했다. 바로 러시아의 우크라이나 침공이 발생한 것이다. 이 전쟁으로 인해 우크라이나의 2022년 경제성장률이 −35%로 전망되고 있으니, 우크라이나 국민이 얼마나 힘든 시간을 겪고 있으며 앞으로도 겪을지 안타까운 일이다.

전쟁 자체도 불행한 일이지만 경제적인 관점에서는 러시아와 우크라이나가 세계적인 자원국이라는 것이 큰 문제다. 세계적인 자원국에서 자원을 공급하지 못하는 시대가 온 것이다.

대표적인 예를 들면, 우크라이나는 세계적인 밀 생산 지역이다. 그런데 어려운 경제 속에서 전쟁을 하고 있으니 수확을 거둘 씨를 뿌릴 수 없는 상황이다. 쉽게 말하자면, 2022년에 씨를 못 뿌렸는데 2023년에 밀 수확을 거둘 수 있겠는가. 당연히 밀 생산량이 크게 줄 것인데, 그렇다고 우리가 먹던 걸 안 먹겠는가? 사람들은 여전히 빵도 먹고 국수도 먹을 것이다. 수요는 여전한데 공급을 못하니 곡물 가격이 치솟을 것이다.

이처럼 세계적인 자원국에서 자원을 공급하지 못하는 상황이 되면서, 원자재 공급망 병목 현상이 가중되는 결과를 맞이했다. 이런 일들이 쉽게 끝날 것이 아니라 계속 이어질 것이라고 보기 때문에, 세계 각국은 고물가 현상을 바로잡기 위해 고금리 제도를 도입한다. 고물가-고금리가 함께 맞닥뜨리는 경제, 이것은 이전과는 다른 경제의 모습이다. 이렇다 보니 우리 개인은 앞으로 어떻게 달라진 경제 흐름 속에 놓이게 될지 궁금하고 두려운 마음도 클 것이다. 지금부터 우리가 맞이하고 있으며, 맞이할 변화들을 찬찬히 살펴보고자 한다.

백신 수급의 불균형이 낳은 결과

세계 경제의 흐름을 한마디로 말하면 '불균형 회복(divergent recoveries)'이다. 세계 각국이 코로나19의 충격을 다 같이 경험했지만 회복 속도는 저마다 다르다.

백신이 개발된 이후 세계 주요국들이 백신을 놓고 경쟁하듯 신경전을 벌였다. 얼마나 빨리 백신을 확보할 것인지, 누가 먼저 위드 코로나로 갈 것인지, 아니면 종식의 시대로 갈 것인지를 놓고 경주하다시피 했다.

그 결과 선진국(AEs, Advanced Economies)들에서는 전 국민이 백신을 두 번 접종을 완료하는 동안 신흥국(EMs, Emerging Markets)과 저소득 국가(LIDCs, Low Income Developing Countries)들에서는 백신을 구경도 못 한 사람이 허다했다. 그러다 보니 선진국들은 위드 코로나를 외치며 제자리로 돌아가려고 하는 반면 신흥국과 저소득 국가들은 여전히 너무나 힘든 상황에 처하게 되었다. 이런 상황이 바로 불균형 회복이다. 선진국과 그 외의 국가들이 경제를 회복하는 정도와 속도가 불균형한 것이다.

세계은행(World Bank)은 2022년 1월에 경제 전망 보고서를 발간하면서 다음과 같은 그래프를 제시했다. 검은색 선은 세계 경제의

바이러스와 백신 추이

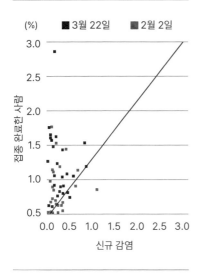

자료: IMF(2021.4) World Economic Outlook

선진국, 신흥국, 저소득 국가의 백신 조달

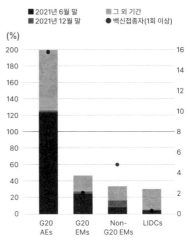

자료: IMF(2021.4) World Economic Outlook
주1: 백신접종자는 2021년 3월 22일 기준
주2: AEs=Advanced Economies; EMs=Emerging Market economies; G20=Group of Twenty; LIDCs=Low-Income Developing Countries

회복 수준으로, 코로나19 이전 수준을 향해서 회복되는 것으로 보인다. 그러나 이 회복세는 선진국들의 회복세 때문에 나타나는 추세일 뿐 신흥국과 저소득 국가들은 전혀 회복되지 못하고 있다.

중국은 이미 코로나19 이전 수준으로 돌아온 모습이고 선진국들은 2022년 하반기 정도에 회복될 것으로 보이지만 신흥개도국들은 2022년까지도 회복이 어려울 것으로 보인다. 아시아, 남미, 아프

PART 1 초인플레이션(Hyper-Inflation) 압력

세계은행의 팬데믹 이후 회복 시나리오

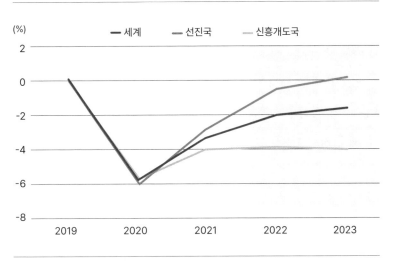

자료: World Bank(2022.1), Global Economic Forecast

리카 등의 신흥국들에는 다른 권역에 비해 코로나19의 충격이 더 많이 작용했고, 보건·의료·방역 시스템이 상대적으로 취약할 뿐만 아니라 백신 및 치료제 확보 여력도 현저히 떨어지기 때문이다.

요컨대, 선진국들은 3년 사이에 코로나19 이전의 경제 수준으로 돌아가겠지만 신흥국과 저소득 국가들은 전혀 회복되지 못할 것이다.

지금의 모습을 비유해보자면 다음과 같다. 어떤 한 반의 평균 성적이 올라서 담임 선생님이 자화자찬하고 있는데, 사실은 평소

성적이 상위권인 아이들만 성적이 오른 것뿐이고 나머지 아이들은 하나도 오르지 않은 것이다. 그래도 평균 성적은 올랐다며 좋아하는 모습과 같다.

한편 IMF는 세계 경제를 어떻게 진단하는지 살펴보자. 다음 그래프에서 점선은 코로나19 직전에 IMF의 경제 전망 보고서에 담긴 세계 경제 전망치로, IMF는 세계 경제가 우상향한다고 했었다.

IMF의 팬데믹 이후 회복 시나리오

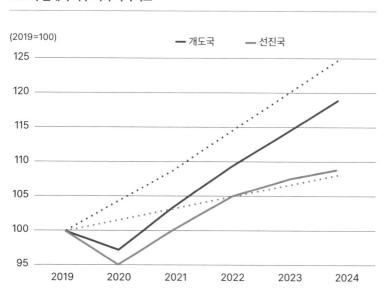

자료: IMF(2021.10.) World Economic Outlook

PART 1 초인플레이션(Hyper-Inflation) 압력

그리고 실선은 코로나19의 충격을 반영한 수치다. 흥미롭게도 개도국과 선진국 모두 충격 이후 회복을 하고는 있다. 그런데 선진국들은 코로나19 이전 수준을 향해서, 오히려 그것을 넘어서까지 회복세를 보이는 반면에 개도국들은 기존의 경로를 쫓아가지 못하고 있다. 평행선을 그리다 못해 오히려 더 벌어지고 있다. 코로나19 이후 세계 경제의 성장세는 뚜렷한 회복세처럼 보이긴 하지만, 그것은 사실 선진국들에 한할 뿐 개도국들은 전혀 그 회복세를 실감하지 못하는 것이다.

하나였던 길이 두 갈래로 나뉘고 다시 네 갈래로 나뉘는 모습, 각국의 경제가 각자 제 갈 길을 가는 모습이다. 보통은 세계 경제가 '커플링(coupling)'한다고 해서, 각국의 경제가 같이 꺼졌다가 같이 회복되는 경향이 뚜렷한데, 지금의 세계 경제는 이처럼 불균형 회복을 하고 있다.

IMF에서는 이런 불균형 회복을 영어로 'divergent recoveries (나뉘는 회복)'이라고 표현했다. 일부 국가에서는 코로나19 확진자 증가 속도보다 백신 접종 속도가 더 빨라지면서 나라마다 다양한 경로로 경기 흐름이 진전된다는 의미다. 이후에 IMF는 '단층선 확대 (fault lines widen)'라는 표현도 했다. 단층선(fault line)은 원래 지구과학에서 사용되는 용어로, 단층이 벌어지듯 선진국과 개도국 격차가 더 벌어지고 있음을 경고하는 표현이다.

세계은행 같은 경우에는 우리가 쓰는 말 그대로 'imbalance recoveries(불균형 회복)'이라고 표현했다. 그리고 OECD는 'uneven economies(불균형 경제)'라고 했다. 용어는 약간씩 다르지만 세계 3대 경제 관련 기구들이 똑같은 목소리를 낸 것이다. 이것이 2022년 지금의 경제 모습이며, 2023년까지도 이 흐름은 이어질 것이다.

선진국의 나 홀로 회복

불균형 회복에 전제된 것은 결국 선진국들의 경제 회복이다. 앞서 말했듯 선진국들이 '나 홀로' 뚜렷하게 회복하고 자산 가치가 상승하면서 수요가 폭발적으로 늘어났다. 스마트폰이든 가전제품이든 자동차든 완제품의 수요가 급상승하고 있다. 명품백을 사기 위해 백화점 앞에 줄을 서는 '오픈런'을 하는 것도 이런 현상의 일환이다.

특히 미국은 바이든 신정부가 등장하면서 친환경 산업과 보건·의료 영역에 대규모 재정을 투입했고, 세계 주요국과 협상을 유도해 반도체, 배터리, 디스플레이 등 첨단 제조업을 자국에 내재화하는 전략을 추진 중이다. 최근 미국 내구재 소비 회복세가 매우 뚜렷하게 나타나는 것은 미국 경제의 강한 도약을 보여주는 증거다.

이처럼 선진국에서의 수요가 폭발적으로 늘어나는 상황에서 그 공급을 제공하는 건 누구인가? 바로 신흥개도국이다. 이것을 글로벌 분업 구조, 즉 '글로벌 밸류 체인(global value chain)'이라고 말한다. 선진국에서는 주로 수요를 담당하고 개도국에서 주로 원자재나 부품을 제공하는 것이다.

그런데 백신이 확보되지 않은 신흥개도국들은 봉쇄 조치를 계속할 수밖에 없다. 중국 상하이의 상황처럼 확진자가 등장함에 따라 봉쇄가 이어지는 것이다. 탄광이 셧다운 되니까 원자재 수급이 안 이루어지고, 공장이 셧다운 되니까 부품 수급이 제대로 안 된다. 물류난도 발생하니 제때 납품을 할 수가 없다.

특히 터키, 브라질, 러시아, 멕시코, 칠레 등은 원자재 가격이 폭등하면서 극심한 인플레이션이 경제 위협 요인으로 작용했다. 국경 봉쇄 조치마저 장기화됨에 따라 고용, 소비 등 경기 회복이 지연되었다. 여기에다 러시아-우크라이나 전쟁까지 발발하면서 원자재 공급망에 엄청난 차단이 일어났다. 그 결과는 물가 상승이다.

보복적 수요가 폭발하다

그런데 여기서 이런 의문이 들지 모르겠다.

'선진국들은 왜 경제가 회복되는 걸까?'

이 질문에 대한 답은 바로 '펜트-업 디맨드(pent-up demand)', 보복적 수요 때문이다.

코로나19로 인해 집중적인 타격을 받은 산업으로 여행, 면세점, 항공업이 3대 업종으로 꼽힌다. 그중에서 여행업의 상황을 살펴보자. 우리나라 여행 산업에서 가장 대표적인 기업이 하나투어와 모두투어다. 그중 모두투어의 경우 2020년 5월 매출액이 −99.8%였다. 거의 본 적이 없는 충격적인 수치다. 기업의 상황이 이렇다면 그 기업에 근무하는 개인에게는 어떤 영향을 미칠까? 세 달 휴직, 한 달 복직, 세 달 무급 휴직, 한 달 복직… 이런 생활이 이어진다고 보면 된다.

사실 코로나19의 경제적 충격은 모두에게 찾아온 것은 아니다. 코로나19로 인해 가장 큰 충격을 받은 산업을 한마디로 표현한다면 바로 '대면 서비스업'이다. 반면 비대면 서비스업은 엄청난 기회

하나투어·모두투어 2020년 1~4월 해외여행 모객(패키지) 추이

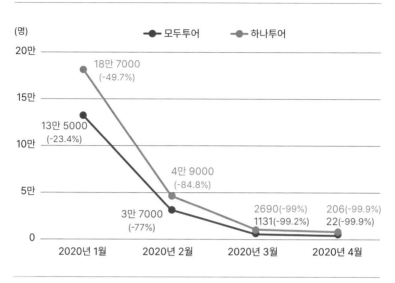

(명)

◆— 모두투어　　◆— 하나투어

18만 7000
(-49.7%)

13만 5000
(-23.4%)

4만 9000
(-84.8%)

3만 7000
(-77%)

2690(-99%)
1131(-99.2%)

206(-99.9%)
22(-99.9%)

20만
15만
10만
5만
0

2020년 1월　　2020년 2월　　2020년 3월　　2020년 4월

자료: 각 사

를 맞았고, 심지어 빅테크 기업들은 이보다 더 큰 잔치를 벌일 수가 없다.

개인의 경우도 마찬가지다. 월급 줄지 않았다면 코로나19의 경제적 충격을 경험했다고 볼 수 없다. 대신 재택근무를 하면서 교통비가 줄었을 수도 있고, 재난지원금을 받았다면 더 이익을 본 것이다. 더군다나 집을 가진 사람이라면 집값까지 올랐다. 따라서 '코로나19의 경제적 충격을 모두가 경험한 것이다'라고 하는 건 잘못된

주요 산업별 서비스업생산지수

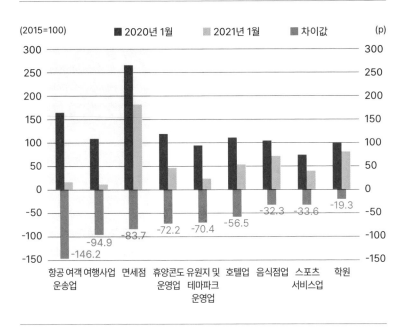

(2015=100) ■ 2020년 1월 ■ 2021년 1월 ■ 차이값 (p)

- 항공 여객 운송업: -146.2
- 여행사업: -94.9
- 면세점: -83.7
- 휴양콘도 운영업: -72.2
- 유원지 및 테마파크 운영업: -70.4
- 호텔업: -56.5
- 음식점업: -32.3
- 스포츠 서비스업: -33.6
- 학원: -19.3

자료: 통계청

진단이며, 이런 진단을 바탕으로 정책을 펼친다면 잘못된 정책이
나올 수밖에 없다.

다시 앞의 질문으로 돌아가보자. 선진국들의 경제는 왜 회복되
고 있는가? 코로나19 팬데믹의 경제적 충격을 직접적으로 받지 않
는 산업은 계속 잘 나가고, 심지어 더 잘 나가기도 한다. 또한 코로

2020년 홀세일 실적

구분	하나투어		모두투어	
1월	390,681명	-35.4%	254,568명	-1.5%
2월	186,090명	-63.8%	129,048명	-46.6%
3월	72,139명	-83.1%	39,043명	-83.0%
4월	11,869명	-97.2%	880명	-99.6%
5월	6,931명	-98.4%	548명	-99.8%
6월	7,236명	-98.4%	717명	-99.7%
7월	7,670명	-98.3%	1,158명	-99.5%
8월	6,829명	-98.3%	988명	-99.6%
9월	6,251명	-98.2%	841명	-99.6%
10월	7,981명	-97.9%	664명	-99.7%
11월	3,674명	-99.0%	734명	-99.7%
12월	3,776명	-99.0%	941명	-99.6%
합계	711,127명	-88.9%	430,130명	-85.7%

자료: 언론종합, 각 사

나19에 경제적 충격을 받았던 업종들도 제자리로 돌아오는 과정에 있다. 이러한 상황을 종합적으로 생각해보면, 결국 경제는 코로나19 이전 수준까지 다다른 것이다.

우리는 제자리로 성큼성큼 돌아가는 중이다. 단적인 예를 들어보겠다. 우리나라에서 매월 약 250만 명씩 출국하다가 코로나19로 급감해서 거의 제로에 들어섰다. 물론 2020년 2월, 3월 이후에 조금씩 늘어났지만 차이가 눈에 띄게 보이지 않는다. 그런데 2022년에는 출국하는 사람 수가 두 배나 늘었다. 증가율로 보면 100%가 넘게 늘어난 것이다.

더군다나 우리나라도 마스크 제한이 풀리면서 온전한 위드 코로나로 가고 있다. 그러면 당연히 수요도 제자리로 돌아갈 것이다. 이게 바로 보복적 수요다.

소비자심리지수와 기업경기실사지수 추이

자료: 한국은행
주1: 소비자심리지수는 2003~2020년 중 장기평균치를 기준값 100으로 하여 100보다 크면 장기평균보다 낙관적임을, 100보다 작으면 비관적임을 의미
주2: 기업경기실사지수 = 기준값(100) + 「좋음」 응답업체 구성비(%) − 「나쁨」 응답업체 구성비(%)

'그래도 설마, 정말 보복적 수요가 일어날까?'

이렇게 생각하는 사람도 있을 것이다. 그런데 왼쪽 그래프를 보자. 2020년 상반기에 소비자심리지수가 추락한 것을 볼 수 있다. 2020년 2분기를 기억하는가? 바로 마스크 대란이 발생한 시기다. 마스크를 산다고 약국 앞에 줄을 서고, 공포감과 불안감에 주가는 하한가를 찍었다. 금융권에서도 긴장감이 치솟아 서킷 브레이커를 거는 등 그야말로 난리가 났었다. 그때의 불안감이 소비자심리지수로 나타난 것이다.

생각해보면, 사람들이 머릿속에서 코로나19를 지운 지 이미 오래됐다. 처음에는 코로나19에 감염될 수 있다는 공포감에 백화점이나 식당에 못 갔겠지만, 언젠가부터 공포감 때문이 아니라 거리 두기 조치 때문에 못 갔던 것이다.

심리적으로는 이미 제자리로 돌아왔기 때문에 거리 두기 단계 조치를 완화하기만 해도 결과적으로는 억눌렸던 산업을 제자리로 돌려놓는 데 충분하다. 이처럼 우리나라를 포함한 선진국이 위드 코로나로 전환하면서 폭발한 보복적 수요가 세계 경제를 끌어올리고 있는 것이다.

실제로 선진국들에서는 이미 보복적 수요가 뚜렷하게 전개되고

선진국의 보복적 수요

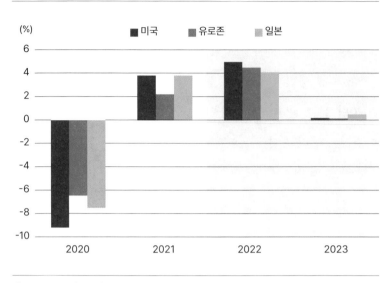

(%)

범례: ■ 미국　■ 유로존　■ 일본

자료: World Bank(2022.1), Global Economic Forecast

있다. 미국, 유로존, 일본이 가장 대표적인 선진국 권역인데, 위의
그래프에서 보듯 수요가 폭발적으로 늘어나고 있다.

　다음 그래프는 선진국의 투자 추이를 나타낸 것이다. 주황색 선
은 팬데믹 이전의 흐름이고, 노란색 선은 2008년 글로벌 금융위기
의 충격을 나타낸다. 2008년 금융위기가 발생한 이후에 경제가 복
구되는 데 3년 이상 걸렸다. 그러니까 3년 이상이 지나도 제자리로
못 돌아오는 흐름인 것이다.

파란색 선은 코로나19의 경제적 충격을 나타낸 것인데, 2년이 지나자 점선의 '프리-팬데믹(Pre-pandemic trend)', 즉 코로나19 이전 수준의 경로로 돌아오고 있다. 선진국에서 기업들이 적극적으로 다시 투자를 하기 시작하면서, 소비뿐만 아니라 투자도 살아난다는 뜻이다.

보통의 금융위기, 외환위기 때는 기업들의 투자 심리가 위축돼서 다시 제자리로 돌아오는 데 상당한 시간이 걸리는데, 이번 팬데

최근 불황 속 선진국에서의 투자

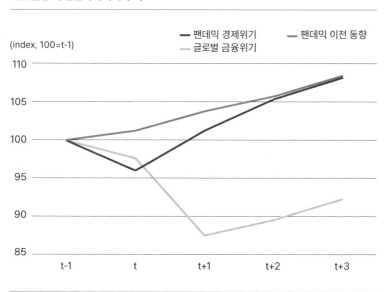

자료: World Bank(2022.1), Global Economic Forecast

믹 위기에는 이미 2년 만에 제자리로 돌아오고 있는 것, 흥미롭고
도 무서운 현상이다.

경제 상황을 판단하기 좋은 지표로 '선행지수 순환변동치'와 '동
행지수 순환변동치'가 있다. 동행지수 순환변동치는 바로 지금의
경제를 보여주는 것이다. 어떻게 보면 근래 경제 속에 이토록 경기
가 활황이었던 적도 없었다.

한편 선행지수 순환변동치는 경기 전망을 보여주는 수치다. 이

경기종합지수 추이

자료: 통계청
주: 2021년 12월, 2022년 1, 2월은 전망치

PART 1 초인플레이션(Hyper-Inflation) 압력

수치는 우리 경제가 앞으로 안 좋아질 것이라고 느끼는 경제 주체들의 감정이라고 생각하면 좀 더 이해하기 편할 것이다. 그래서 선행지수 순환변동치를 보면 주가의 흐름을 어느 정도 판단할 수 있다.

왼쪽 그래프에서 선행지수 순환변동치를 보면 경제 주체들이 앞으로 경제가 안 좋을 것이라고 의심한다는 것을 알 수 있다. 더군다나 2022년에 들어서 러시아의 우크라이나 침공으로 인해 세계 경제가 다시 불안해졌다. 이런 사건이 우리 경제에도 큰 충격을 줄 수 있겠다는 위기감이 들면서 더더욱 선행지수는 좋지 않은 양상을 보인다. 그럼에도 불구하고 실물 경제는 아주 탄탄하게 제자리로 돌아오고 있다.

CHAPTER 2

─────────── 공급망 병목 현상의 덜미

우리는 코로나 팬데믹 ————————————————
이전의 세상으로 돌아가는
회귀점에 놓여 있다.
그러나 이전과 완전히
같은 세상은 아니다.
공급망 병목 현상이 세계 경제의
패러다임을 바꿔놓고 있다.

대전환의 시대가 온다

앞으로 우리에게 놓인 굉장히 중요한 전환들이 있다. 이를 크게 세 가지로 설명할 수 있다.

첫 번째는 '디지털 대전환'으로, 아날로그 경제에서 디지털 경제로의 전환을 말한다. 예를 들면 사람이 직접 운전했던 자동차에서 자율주행 자동차로의 전환이 가장 대표적인 디지털 전환이다. 테슬라는 전력을 적게 쓰면서도 빠른 데이터 처리가 가능한 인공지능(AI) 반도체를 선점하기 위해 독자적인 생산 설계에 집중한다. 전기 차를 넘어 자율주행차 기술을 혁신하고 있다. 우버는 카풀, 자전거 공유, 카셰어링 등 이동의 모든 것을 책임지는 모빌리티 플랫폼으로 시장을 장악해나가고 있다.

콘텐츠 산업은 또 어떤가. 넷플릭스와 디즈니는 적자를 감수하면서도 자체 콘텐츠 제작을 위한 지출을 끊임없이 확대하고 있다. 아마존은 이커머스, 라스트마일 배송 등 기존 플랫폼 서비스와 연계한 구독 상품으로 콘텐츠 산업에 진출했다.

반면 1957년 창립한 세계 최대의 장난감 기업 토이저러스는 미

석탄과 에너지 전환 광물 생산액 전망

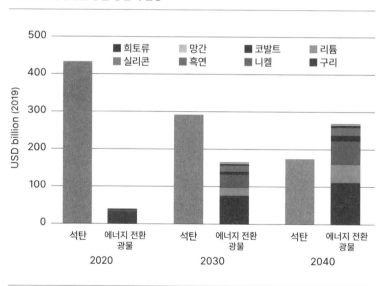

자료: IEA(2021), 『The Role of Critical World Energy Outlook Special Report Minerals in Clean Energy Transitions』

에너지 전환에 따른 주요 광물 수요 전망

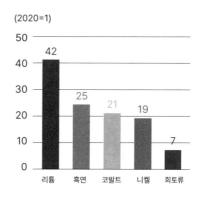

million tons of critical minierals

자료: IEA(2021), 『The Role of Critical World Energy Outlook Special Report Minerals in Clean Energy Transitions』

주요 광물별 수요 전망

(2020=1)

자료: IEA(2021), 『The Role of Critical World Energy Outlook Special Report Minerals in Clean Energy Transitions』

국 735개 매장을 모두 폐쇄하며 파산보호를 신청했다. 1886년 창립한 미국 최대이자 최초의 서점 기업 반스앤노블도 매각됐다. 세상은 디지털로 전환되는데 그 변화에 적응하지 않고 현실에만 안주한다면 미래는 없다.

두 번째 대전환은 '에너지 대전환'이다. 석탄이나 석유와 같은 화석 연료 기반의 에너지에서 재생에너지 기반으로의 전환이다. 자동차로 다시 예를 들어보면 기존 가솔린 차에서 전기 차로의 전환이다.

세 번째 대전환은 앞서 말한 것처럼 '긴축의 시대로의 전환'이다. 완화의 시대에서 긴축의 시대로 전환하고 있는 것이다.

에너지 대전환과 디지털 대전환을 이루면 향후에는 석탄 수요가 줄어들 것이다. 대신 에너지 대전환을 가능하게 하는 태양광, 풍력 등의 재생에너지 산업이 계속 부상할 것이다. 예를 들어 풍력 발전이 가능하게 하려면 희토류라든가 실리콘이라든가 망간, 마그네슘, 리튬 같은 비철 금속 소재들이 필요하다. 따라서 이런 광물에 대한 수요도 계속 늘어날 것이다.

세계 경제는 회귀점에 서 있다

2020년이 경제의 '대전환점'이라면 2022년의 경제는 '회귀점'이라고 할 수 있다. 코로나19 이전 수준으로까지 돌아온다는 뜻이다. 그런데 경제라는 큰 관점에서는 제자리로 돌아올지 모르지만, 우리 앞에 놓인 과제라는 측면에서는 좀 다르다. '글로벌 공급망 병목 현상'이 찾아왔기 때문이다. 수요는 늘어나는데 공급망은 차단됐으니 당연히 원자재 가격이 급등할 수밖에 없지 않겠는가.

2021년에는 다양한 공급망 병목 현상이 나타났다. 차량용 반도

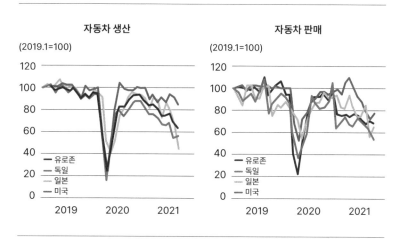

공급망 대란이 자동차 산업에 준 영향

자동차 생산
(2019.1=100)

유로존
독일
일본
미국

2019 2020 2021

자동차 판매
(2019.1=100)

유로존
독일
일본
미국

2019 2020 2021

자료: OECD

체 수급 차질로 세계 자동차 공장이 멈춰 섰다. 현대기아차, 쌍용차, 르노삼성자동차도 생산에 차질을 빚고, 조업을 단축하거나 휴업에 들어가기도 했다. 반도체뿐만 아니라 주요 부품 부족 사태로 인해 공장 가동 정상화가 지연됐다. 미국 컨설팅 기업 알릭스파트너스(AlixPartners)는 차량용 반도체 공급 부족 사태로 인해 2021년 전 세계 자동차 매출이 약 247조 원 감소할 것으로 추산했다.

세계 자동차 생산량 역시 770만 대까지 감소할 것으로 전망된다. 자동차 한 대에 통상 약 2만 개의 부품이 들어간다고 한다면,

1개의 부품에 수급 차질이 생기면 1대의 완제품 생산에만 차질을 주는 게 아니라 나머지 부품을 공급하는 공급업체들에도 상당한 충격을 주게 된다.

한편 패스트푸드 업체들은 미국산 냉동 감자 수급에 차질이 생겼다. 경기가 급격히 회복되면서 해운 물동량이 폭발적으로 증가했고, 선박 부족과 해상운임 상승으로 이어졌다. 소비자들은 감자튀김 대신 치킨너겟을 받는 웃지 못할 상황이 벌어지기도 했다.

맥도날드 햄버거에 양상추가 빠지는가 하면, 햄버거 세트에 감자튀김이 빠지기도 했다. 국내에도 때 이른 한파가 찾아오면서 양상추 출하가 줄었는데, 설상가상으로 글로벌 물류 대란으로 양상추 수입도 어려웠다. 이처럼 물류비 상승은 거의 모든 영역에 걸쳐 공급 대란을 초래할 수 있는 요인이다.

IPEF의 출범, 탈세계화의 진전

코로나 이전의 세계 경제는 글로벌로 분업화된 체계였다. 그런데 코로나를 겪으며 많은 국가는 공급망 분업화된 체계가 경제적으로 유리하지 않을 수도 있겠다는 생각을 하게 되었다. 그러면서

해외직접투자(FDI Inflow) 증감

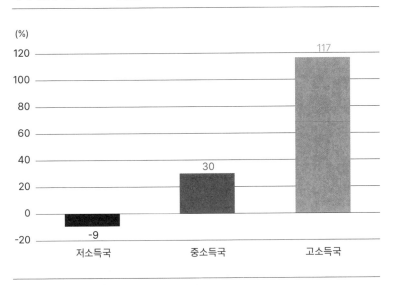

자료: UNCTAD(2021.10) 『Investment Trends Monitor』
주: 2020년 1~3분기 대비 2021년 1~3분기 해외직접투자 증감률 계산

원자재든 부품이든 스스로 생산하자는 입장의 전환이 시작되었다. 그 결과 저소득 국가에 대한 해외 직접 투자가 줄어드는 대신 고소득 국가를 중심으로 해외 직접 투자가 늘어나고 있다. 선진국이 기업들이 공장 증설을 한다 하더라도 자국을 중심으로 공장을 증설하지, 해외 신흥국을 중심으로 하지 않았다는 뜻이다. 이런 현상은 글로벌 공급망 병목 현상을 더 가중하는 결과를 만들었다.

사실 세계화의 종식은 이미 진전되고 있던 현상이다. 냉전이 종

식되고 2001년 중국이 세계무역기구(WTO)에 가입하는 등 세계화가 급속하게 진행되던 시기도 있었다. 세계 국내총생산(GDP)에서 상품 무역이 차지하는 비중이 1960년 16.6%에서 2008년 51.2%로 상승할 정도였다. 하지만 글로벌 금융위기를 겪으며 이른바 보호무역주의 시대에 이르면서 세계화 추세는 꺾이기 시작했고, 그 비중은 2020년 42.1%까지 떨어졌다. 주요국들이 자국 경제를 부양하기 위해 리쇼어링(reshoring, 제조업의 본국 회귀)을 주요 산업정책으로 채택했기 때문이다.

여기에다 또 한 가지 불을 붙인 사건이 있다. 바로 미·중 패권 전쟁이다. 미·중 패권 전쟁과 코로나19는 탈세계화를 급진전시켰다. 지금은 러시아-우크라이나 전쟁으로 인해 주춤한 것처럼 보이지만, 미·중 간의 패권 전쟁은 장기전이 될 수밖에 없다.

더군다나 오른쪽 그래프에서 보듯 미국 국민들의 중국에 대한 정서가 점점 비호의적으로 바뀌고 있다. 이 때문에 바이든 대통령은 중간선거를 앞두고 중국을 때리는 모습을 적극적으로 보여야만 표를 얻는 데 도움이 된다는 생각을 가지고 있다. 그러므로 미·중 패권 전쟁은 가열되고 있는 양상이다.

중국의 부상을 막기 위한 미국의 경제 제재는 양 진영의 우방국 간 블록화를 초래했다. 중국은 미국의 우방국인 호주로부터 석

미국 국민의 대중국 정서

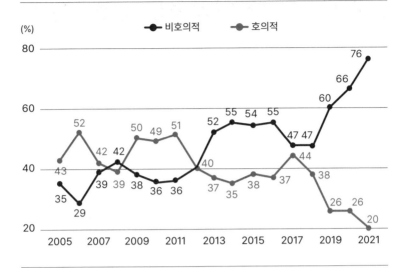

자료: PEW Research Center
주: 매년 봄 기간 중 설문조사 실시

탄 수입을 중단하는 조치를 취했다. 그 여파로 우리나라에서는 요소수 대란이 발생했다.

요소수는 석탄이나 천연가스 같은 연료에서 나오는 암모니아에서 추출해낸다. 그런데 중국이 호주산 석탄 수입을 금지하면서 석탄 발전이 감소했고, 이에 따른 전력난과 마그네슘 생산 감소까지 그 영향이 계속 확산했다. 요소는 농사용 화학 비료에 주성분으로 쓰이기도 하므로 농번기 때 쓸 비료를 확보하기 위해, 석탄 공급을

중국에서 철수한 주요 기업 사례

기업명	업종	세부내용
구글	IT	미국으로 수출하는 컴퓨터의 핵심부품인 메인보드 생산시설의 상당 부분을 대만으로 이전
폭스콘	전자	애플 최대 제조 협력사로, 미·중 무역분쟁으로 인한 미국의 관세 보복 피해를 최소화하기 위해 중국 텐진, 선전 소재 생산라인을 대만으로 이전
콴타 컴퓨터	전자	애플 위탁 생산업체로, 50~60억 NTD(대만달러)를 투자하여 대만 타오위안에 1만 평의 공장 용지 매입
인벤텍	전자	대만 타오위안에 서버 생산공장을 확충하기 위해 약 60억 NTD 투자
한스타	전자	중국 난징에서 생산하던 자동차용 중소형 LCD 물량의 20%를 대만 난커로 이전
컴팔	부품	약 60억 NTD를 투자하여 대만과 베트남에 공장 확충 추진
자이언트	자전거 제조	관세로 인해 중국 생산 자전거 가격이 평균 100달러 오르는 것을 위해 중국 공장 6곳 중 1곳 폐쇄하고 대만 공장을 2교대로 운영
애플	IT	미·중 무역분쟁의 장기화와 중국 내 인건비 상승, 코로나19 확산으로 인한 공급망 다변화 필요성으로 인해 최대 생산 기지인 중국에 대한 의존도를 줄이고자 소형 PC 맥미니 생산설비 일부를 말레이시아로 이전
구글	IT	2019년 미국에 판매할 네스트 온도계와 서버 하드웨어의 일부 생산기지를 말레이시아로 이전
파나소닉	전자	자동차 스테레오 등 차량용 기기의 생산지 일부를 말레이시아, 태국, 멕시코로 이전
마이크로소프트	IT	2019년 가정용 게임기 엑스박스, AI스피커 코타나를 인도네시아나 태국에서 제조하는 방안 검토
페가트론	전자	약 93억 NTD를 투자하여 인도네시아에 생산기지 확충, 중국 내 무선 공유기, TV 튜너 등의 통신기기 생산라인 일부를 인도네시아로 이전 예정

자료: 한국무역협회, 국회입법조사처

끊은 중국이 요소를 미리 비축해야 했다는 또 다른 이유도 있다.

이런 이유로 중국은 우리나라에 요소수를 수출하지 않았고, 그 결과 우리나라에서 요소수 대란이 발생했던 것이다. 우리나라는 국내에서 유통하는 요소의 97.7%를 중국에서 사 오니 거의 절대적으로 중국에 의존하고 있었던 셈이다.

공급망 병목 현상은 세계화에 대한 회의감을 갖게 만드는 계기가 되었다. 2020년 차량용 반도체 공급 차질을 경험한 자동차 강국들은 반도체 굴기를 선언하면서 자립화를 추진하기에 이른다. 그동안 미국은 반도체 설계와 같은 고부가가치 영역을 제외하고 생산 및 시험 등의 공정을 해외에 위탁(파운드리, Foundry)하면서 세계화에 기여해왔는데, 이제 반도체의 'A to Z'를 다 미국에서 하겠다는 방향으로 선회한 것이다. 그뿐만 아니라 2022년 제조기업들의 최대 과제가 공급망 대란인 만큼, 각 기업은 원자재, 소재, 부품 등을 스스로 조달하는 내재화 전략을 꾀하고 있다.

여기에 더해 원자재 전반에 걸쳐서 공급망 병목 현상이 찾아왔다. 어떤 산업이든 어떤 기업이든 원자재 가격 상승으로 골머리를 앓는다. 이런 일들이 계속되다 보니 공급망 병목 현상은 생각했던 것보다 더 장기화될 것 같다는 우려가 지배적이다.

러시아의 우크라이나 침공은 세계화의 종식을 알리는 포성이

꺾이기 시작한 세계화: 세계 GDP 대비 상품 무역 비율 추이

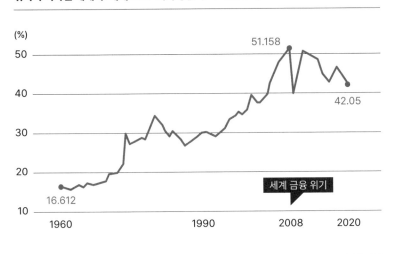

51.158

42.05

16.612

세계 금융 위기

1960   1990   2008   2020

자료: 세계은행

되었다. 2022년 3월 맥도날드가 러시아에서 철수하겠다고 선언했다. 1990년 미국 자본의 상징인 맥도날드가 러시아(당시 소련)에 입점한 것은 세계화의 상징처럼 일컬어졌다. 러시아의 우크라이나 침공으로 맥도날드가 32년 만에 철수했고, 이는 세계화의 종식, 즉 탈세계화(deglobalization)의 상징이 되었다.

러시아-우크라이나 전쟁이 끝나더라도 미·러 갈등은 미·중 패권전쟁과 맞물려 탈세계화를 부추길 것으로 전망된다. 러시아의 유엔 인권이사회 이사국 자격을 정지하는 결의안을 가결할 때, 이를 놓고 양쪽 진영이 쪼개졌다. 미국을 비롯한 서방 진영은 러시아 퇴출에 찬성했지만, 중국, 브라질, 인도, 인도네시아, 멕시코 등의 신흥국들은 반대 혹은 기권을 표했다.

그뿐 아니다. G20(Group of 20)에 대해 들어봤을 것이다. G20은 다자간 금융 협력을 위해 결성한 조직으로 선진 경제국 G7(독일, 미국, 영국, 이탈리아, 일본, 캐나다, 프랑스)과 남아프리카공화국, 러시아, 멕시코, 브라질, 사우디아라비아, 아르헨티나, 인도, 인도네시아, 중국, 터키, 한국, 호주, 유럽 연합(EU) 등 20개국을 의미한다. 1999년 9월에 개최된 IMF(국제통화기금) 총회에서 G7과 신흥시장이 참여하는 기구를 만드는 데 합의하여 같은 해 12월 창설되었다. 'G'는 영어 '그룹(group)'의 머리글자이고, 뒤의 숫자는 참가국 수를 가리킨다.

이 G20은 선진국과 신흥국의 협의체로 수십 년간 세계 경제 질서를 이끌어왔다. 그런데 러시아를 G20에서 퇴출시킬 것인가 하는 문제에 대해 각국이 엇갈린 입장을 보이면서 G20의 해체 가능성까지 거론되고 있다.

2022년 5월 23일 미국은 IPEF(Indo-Pacific Economic Framework, 인도태평양경제프레임워크)를 출범하고, 미국을 중심으로 한 동맹국 간의 블록을 형성했다. 미국이 주도하는 경제협력체라는 면에서, 그리고 중국을 배제하고 있다는 점에서 상당한 의미가 있다. 향후 중국을 배제한 더 많은 국가가 IPEF에 참여하도록 유도하고 있다. 중국이 한국을 비롯한 IPEF 참여국들에 민감한 반응을 보여, 2022년 하반기 대외거래 및 외교·안보에 상당한 불확실성이 고조되고 있다.

IPEF가 줄 기회는 상당하다. 첫째, 국가 간 혹은 권역 내 디지털·그린 통상규범을 설정하는 데 이점이 있을 것으로 기대된다. 디지털세와 탄소국경조정제도 등과 같은 논의가 세계적으로 확대되는 등 글로벌 통상 환경이 구조적으로 변화하고 있다. 한국이 IPEF에 주도적으로 참여함으로써, 통상규범을 설정하는 데 룰메이커(rule maker)로서 유리한 고지를 점유할 것으로 기대된다. 둘째, 국내 기업들이 IPEF 권역 내 신시장을 확보하고, 해외 진출을 추진하는 데에도 이점으로 작용할 것으로 보인다. 인도, 인도네시아, 베트남 등과 같은 신흥국 인프라 사업 참여가 가장 대표적인 예가 될 것이다. IPEF 참가국들이 세계 GDP의 40%를 넘게 차지하고 있는 만큼, 거대 시장과 한층 가까워진다는 의미가 있다. 넷째, 기술교류 및 기업 협력에 활발히 이루어질 것으로 기대된다. 특히, AI나 청정에너지 분야의 공동연구나 기술표준에 대한 논의도 진행될 것으로 전망한다. 무엇보다 중요한 IPEF의 의미는 공급망 안정화에 있다. 에너지나 광물 원자재뿐만 아니라 식료품 원자재 수급이 그 어느 때보다 불안정한 환경에서 역내 공급망 협력이 크게 증진될 것으로 기대된다.

IPEF가 주는 위협 요인도 적다고 할 수 없다. 중국으로부터의 경제보복이 우려된다. 2017년에 사드 보복으로 중국인 관광객이 급감했던 사례가 있다. 제2의 사드 보복 조치 우려가 상당하다. 최근 호주도 중국으로부터 석탄 수입을 차단당한 전례가 있듯이, 중국이 반한 감정을 경제보복으로 확대할 명분을 제공하는 일이 될 수 있다. K-콘텐츠뿐만 아니라 한국 제품 수요를 차단할 수 있다. 더욱 우려되는 것은 공급망 충격이다. 중국 및 중국 우방국들에 의존하는 광물 원자재 공급을 차단할 경우, 상당한 혼란을 가져올 수 있다. 즉 제2의 요소수 사태가 올 수 있다. 요소, 마그네슘, 니켈 등과 같은 중국에 집중적으로 의존하고 있는 원자재나 부품 공급을 불시에 중단할 때 오는 산업계 충격은 상상 이상이 될 것이다. IPEF는 탈세계화를 진전시켜 단기적으로 공급망 대란을 장기화할 우려가 있다.

이제 우리는 세계화의 종식에 대응해야 한다. 무역의존도가 높다는 점을 고려하면, 한국은 탈세계화라는 구조적 변화에 상당한 영향을 받을 가능성이 크다. 수출 대상국이라는 면에서도 중요하겠지만, 원자재나 부품 수급이라는 면에서 더욱 중요한 시점이다.

러시아 유엔 인권이사회 퇴출 관련 G20 입장

찬성	미국, 영국, 독일, 일본, 한국, 캐나다, 프랑스, 이탈리아, 호주, 아르헨티나, 터키
기권	브라질, 인도, 인도네시아, 사우디아라비아, 멕시코, 남아프리카공화국
반대	중국

주: 러시아, EU는 제외

제2의 요소수 사태가 발생하지 말라는 법이 없다.

탈세계화는 식료품 원자재를 비롯한 에너지 및 광물자원의 수급난을 부추길 것이다. 그렇기 때문에 정부는 매우 중대하고 시급한 정책과제로서 해외자원개발사업 및 자원 외교를 추진해야 할 것이다.

IPEF가 가져올 변화와 위협 요인에도 대응해야 한다. 원자재 수급과 밸류체인 및 수출에 이르기까지 IPEF 내 주요국들로 다변화해야 한다. 특히 에너지, 광물, 식료품 원자재를 안정적으로 확보하기 위해서 공급 안정화를 목표로 하는 방안을 마련하는 데 초점을 두어야 한다. 단기간 안에 해결될 일은 아니지만, 한국경제의 고질적인 문제점을 지금부터 개선해나감으로써 중국의 경제 제재로부터 영향을 최소화해야 하겠다. '제2의 요소수 대란'을 겪지 않도록 말이다.

반도체 산업의 위기와 변화

우리는 초가속의 시대를 살고 있다. 한번 뒤처지면 끝나는 세상이다. 특히 반도체 산업은 속도의 경제를 보여주는 대표적인 산업이다. '누가 더 빨리, 더 가속화할 것인가?'가 경쟁력을 결정한다. 이른바 '무어의 법칙(Moore's Law)'이다. 인텔 창립자 중 한 명인 고든 무어는 반도체 집적회로의 성능이 2년마다 2배로 향상될 것이라고 내다봤다. 그리고 현재 디지털 경제 아래 반도체 수요는 기하급수적으로 늘고 있고, 고부가가치 반도체 산업 기회가 폭발적으로 증가하고 있다.

반도체는 '산업의 쌀'이라고 불릴 정도로 안 쓰이는 산업이 거의 없다. 디지털 대전환과 에너지 대전환의 관점에서도 반도체는 필수적이다.

그러나 공급망 병목 현상으로 인해 반도체를 수급받지 못하면서 가장 대표적으로 자동차 산업이 어려움을 겪고 있다. 코로나19 시국 이후 차량용 반도체 기업들에 화재도 나고 기후 문제로 셧다운 되는 일도 발생하면서 반도체 공급에 문제가 제동이 걸렸다. 기존의 가솔린 자동차에 반도체가 2백 개 정도 들어가고, 전기 차에는 7백 개 정도 들어간다. 그럼 자율주행 전기 차에는 반도체가

공급망 대란의 자동차 산업 생산 충격

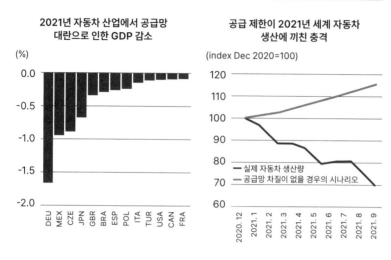

2021년 자동차 산업에서 공급망 대란으로 인한 GDP 감소

(%)

공급 제한이 2021년 세계 자동차 생산에 끼친 충격

(index Dec 2020=100)

- 실제 자동차 생산량
- 공급망 차질이 없을 경우의 시나리오

자료: OECD

몇 개나 들어갈까? 약 3천 개가 들어간다.

이렇게 중요한 반도체가 부족하다 보니 자동차 산업은 큰 어려움을 겪고 있다. 우선 자동차 생산이 엄청나게 줄어들었다. 또한 자동차를 만드는 데 필요한 여러 가지 소재, 즉 알루미늄이나 철강 같은 원자재와 그 밖의 부품을 신흥국들에서 조달해야 하는데, 이것이 제대로 안 되면서 공급망 대란이 일어났다. 자동차 산업이 주된 산업인 국가일수록 그 충격이 더 컸다. 대표적으로 자동차 공장이 많이 가동되고 있는 독일이나 멕시코 같은 나라는 실제로 충격

PART 1 초인플레이션(Hyper-Inflation) 압력

을 크게 받았다.

우리나라의 자동차 공장들도 100% 가동률을 끌어올리지 못하고 있다. 수요가 있는데도 불구하고 납기일을 못 맞추는 것이다. 그러다 보니까 수요가 뒷받침되는데도 불구하고 자동차 판매는 크게 이루어지지 못하고 매출도 크게 늘지 못했다.

앞서 말했듯 이런 공급망 병목 현상은 세계화에 대한 회의감을 갖게 만드는 계기가 됐다. 차량용 반도체 공급 차질을 경험한 자동차 강국들은 반도체 굴기를 선언하면서 자립화를 추진하기에 이르렀다.

미국의 경우 예전에는 반도체를 직접 생산했다가 노동력이 더 저렴한 나라를 찾아서 반도체 파운드리를 중국이나 대만 또는 우리나라로 옮겨 글로벌 분업 구조를 만들었다. 그런데 반도체가 굉장히 유망한 산업으로 보이는 데다 굳이 다른 나라로부터 조달받을 필요가 없다는 판단을 한 것이다.

그뿐만 아니라 2022년 제조기업들의 최대 과제가 공급망 대란 문제인 만큼 각 기업은 원자재, 소재, 부품 등을 스스로 조달하는 내재화 전략을 꾀하고 있다.

게다가 기존의 반도체 기업들도 사업 범위를 넓혀 자국에서 완제품까지 만들겠다는 선언을 하고 있다. 삼성전자의 경우 앞으로

업체별 MCU 세계시장 점유율

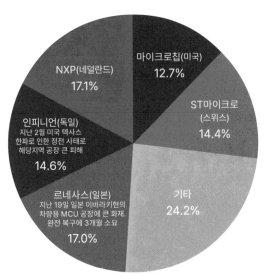

마이크로칩(미국)
12.7%

ST마이크로
(스위스)
14.4%

기타
24.2%

르네사스(일본)
지난 19일 일본 이바라키현의
차량용 MCU 공장에 큰 화재.
완전 복구에 3개월 소요
17.0%

인피니언(독일)
지난 2월 미국 텍사스
한파로 인한 정전 사태로
해당지역 공장 큰 피해
14.6%

NXP(네덜란드)
17.1%

※ MCU(Micro Control Unit)는 자동차 등 기기 제어에 사용되는 반도체. 차량의 경우, 기능별로 크고작은 MCU
가 대당 평균 200개씩 들어감.

자료: 글로벌 시장조사업체 옴디아(2020년 매출 기준)

2나노까지 고성능, 고사양으로 만들겠다고 선언했고, TSMC와 인
텔도 2나노까지 도전하겠다는 시스템 반도체 양산을 위한 로드맵
을 발표했다.

이처럼 탈세계화가 진행되면 다른 나라에서 더 저렴하게 반도체
를 수급할 수 있는데도 국내의 더 비싼 반도체를 사야 하는 일이

주요 권역별 반도체 육성 정책

미국	• 바이든 행정부, 반도체산업 지원에 56원 투입 • 인텔, MS · IBM과 파운드리 시장 재진출 22조원 투입해 애리조나 공장 신설
유럽	• 2030년까지 180조 원 투자 • 반도체 생산량 전세계 20% 달성 목표
대만	• 미국 · 일본과 파운드리 공장 증설 • 올해 설비투자 31조 원 투입
중국	• 파운드리업체 SMIC 등 집중 육성 • 선전 파운드리 신공장 내년 가동

자료: 언론종합

벌어진다. 이것은 물가를 상승하는 결과를 낳고 또다시 초인플레이션을 야기하는 중요한 계기가 된다.

공급망의 병목 현상은 더욱 심화되고, 시기도 장기화될 것으로 보인다. 따라서 기업들은 변화에 기민하게 대처해야 한다. 기업의 구매 의사결정 역시 과거와 달라져야 한다고 본다.

우리나라의 수입액 중 소비재가 차지하는 비중은 15%가 채 안 된다. 소재 · 부품 · 장비를 의미하는 1차 산품, 중간재, 자본재가 2021년 1~11월 누적액 기준 전체 수입액의 86.6%를 차지한다. 2021년 세계 경제가 뚜렷하게 회복되면서, 자동차, 가전제품, IT기기 등과 같은 완제품 수요가 폭증했으나, 이를 구성하는 원자재나 반도체 등과 같은 부품 수급은 충분하지 못한 상황이다. 충분한 소재와 부품을 안정적으로 확보하는 것도 과제지만, 가격이 크게

주요 반도체 기업들의 시스템반도체 양산 로드맵

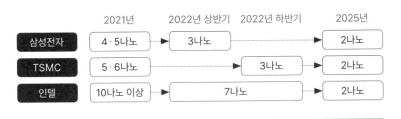

자료: 머니투데이

올라 원가 부담도 상당하다. 그래서 자동차 기업들이나, 전자제품 및 IT 기업들도 원자재나 부품 수급이 원활하지 못해 공장 가동과 중단을 반복하고 있다. 그리고 건설사들은 철근 수급에 애를 먹고 있다.

기업 입장에서는 원자재나 부품의 수급 안정이 경영 전략의 관건이 되고 있다. 공급망 병목 현상에 대응하기 위해 주요 원자재나 부품 수급을 안정적으로 유지하는 것은 중대한 전략 과제가 될 것이다. 즉 기업은 신흥국을 중심으로 수입선을 어떻게 다변화할지를 모색해야만 한다. 국가별 불균형 회복을 인지하는 것은 신시장 개척과 글로벌 마케팅 전략이라는 관점에서도 아주 중요한 포인트가 될 것이다.

정부도 마찬가지다. 기업이 당면한 문제를 해소할 수 있도록 정부 차원에서 노력해야 한다. 경제 회복이 당분간 선진국 위주로 진행될 것으로 예상되는 만큼 중소기업이 진출할 수 있도록 도와줘야 한다.

CHAPTER 3 ─────────────

러시아-우크라이나 전쟁의 파급력

코로나 팬데믹의 터널을 ─────────────
가까스로 빠져나온 세계 경제,
그러나 러시아의 우크라이나 침공이라는
예상치 못한 악재가 나타났다.
이로 인해 세계 경제는
또다시 흔들리고 있다.

미국의 러시아 제재가 시작되다

세계 경제는 예상했던 수준 이상으로 강하게 반등했다. 더욱이 공급망 병목 현상은 인플레이션 압력을 초래했다. 원자재와 부품 가격이 치솟으면서 수입물가, 생산자물가 상승에 이어 소비자물가가 요동치고 있다. 인플레이션과의 전쟁을 선언한 많은 국가가 기준금리 인상을 가속화하고 있다. 러시아, 브라질, 헝가리는 이미 기준금리 인상을 여섯 차례 이상 단행했고, 체코를 비롯한 유럽이나 중남미 국가들도 긴축이라는 결승점을 놓고 경주하듯 움직였다.

미국에서도 세계의 경제 대통령이라 불리는 연준 의장 제롬 파월이 연임에 성공했다. 파월 의장이 팬데믹 위기에 잘 대응했기에 인플레이션 압력에도 잘 대응할 것으로 판단한 결과다.

한국도 제로 금리 시대의 막을 내렸다. 2021년 상반기까지는 경기 회복을 위해 제로 금리가 필요했다면 하반기 이후에는 물가를 잡기 위해 기준금리 인상이 필요해졌다.

이처럼 긴축의 시계가 가속화되고 있을 때 예상하지 못한 이슈가 등장했다. 러시아가 우크라이나를 침공한 것이다. 이 사건은 또 다른 원자재 대란을 부추겼다. 러시아의 우크라이나 침공을 경제적인 관점에서 해석하고 싶다면 바로 '경제 제재'를 떠올리면 된다.

조 바이든 미 대통령은 러시아에 대한 제재 내용을 발표했는데 마지막 줄만 보면 이렇다.

We will continue to escalate sanctions if Russia escalate. Russia will pay an even stepper price
러시아가 공격을 더 가속하면 가속할수록 우리는 경제 제재를 더 가속화하겠다. 러시아는 더 혹독한 대가를 치르게 될 것이다.

여기서 말하는 경제 제재는 뭘까? 러시아산 천연가스, 러시아산 원유 등 러시아산 에너지에 의존하지 않겠다고 선언한 것과 같다. 또한 반도체나 인공지능 등 미국 기술이 포함된 여러 첨단제품

러시아 경제 제재에 따른 영향

구분	내용	국내외 영향
공급망	• 러시아의 유럽 천연가스 공급 중단 • 국제유가, 천연가스 등 원자재 가격 추가 상승	• 기업의 제조원가 상승 • 사태 장기화 시 에너지 수급난
경제 제재	• 미국 기술이 포함된 첨단제품 수출 제한 - 반도체, AI 등 다양한 품목에 적용 가능	• 국내 기업의 현지 공장 부품 조달 애로 - 자동차, 가전 등 현지 공장 운영 제한
	• SWIFT에서 러시아 금융기관 배제(달러 결제 제한) - 러시아 주요 인사/법인의 자산 동결	• 대금 결제 회수 지연, 무역 보증 제한, 우회 결제에 따른 비용 증가
환율 변동	• 루블화 평가 절하	• 현지 법인 매출 감소, 환차손 - 러시아 수입 물가 상승, 구매력 감소

자료: 한국무역협회

을 러시아에 수출하지 않겠다는 것이다. 이런 조치는 미국뿐 아니라 미국의 우방국들까지 포함되는 것이다.

이런 러시아 제재를 상징적으로 보여주는 사건이 앞서 말했듯 맥도날드가 32년 만에 러시아에서 철수한 것이다. 이케아도 영업과 수출입을 모두 멈췄다. 코카콜라, 구글, 애플, 인텔, 테슬라, GM 등 300여 개의 다국적 기업들이 러시아에서 사업을 완전히 중단하거나 부분적으로 중단했다. 경제 제재뿐만 아니라 세계 소비자들로부터의 평판 관리를 위해 기업들이 전략적으로 대응한 것이다.

변동성지수(VIX, Volatility index)는 최근 1년 내 최고점을 향해 움직이고 있고, 세계 금융 시장의 불확실성이 증폭되고 있다. 안전자산 선호 현상이 강화되면서 금값이 치솟았지만 공격적 자산 성격의 주식 시장에선 자금이 이탈하고 있다. 크림반도 사태 때도 주가가 19% 빠졌듯 우크라이나 전쟁도 주식 시장에 상당한 압력을 가져왔다. 전쟁 리스크에서 자유롭지 못한 한국은 '코리아 디스카운트'까지 더해 엎친 데 덮친 격이다.

더군다나 미국은 '국제은행간통신협회(SWIFT) 제재'까지 선언했다. '스위프트'라고 부르는 이것은 세계 금융 결제망이다. 스위프트 제재를 당한 나라는 다른 나라와 자금 거래를 할 수 없고 국제무역도 불가능해진다.

경제 제재로 인해 러시아는 에너지 광물자원 등의 수출이 막히고, 경제가 급격히 침체되는 상황이다. 러시아에 진출한 다국적 기업들의 사업 철수가 이어지고 있고, 루블화 가치가 폭락하면서 외국인 자금이 순식간에 빠져나갔으며, 외화 채무를 갚을 능력도 상실해가고 있다. 러시아의 금융 시스템은 기능을 상실한 모습이다.

모스크바 거래소는 증권 및 파생상품 거래를 중단했고, MSCI는 러시아를 신흥국 시장에서 제외했다. 러시아 은행들은 대규모 예금인출 사태를 겪고 있고, 국제 신용평가사들은 러시아 국가신용등급을 투자부적격 등급으로 강등시켰다.

러시아와 국제 금융 시장의 혼란

이렇다 보니 러시아가 경제적으로 위험한 상황임에는 이견이 없다. 그러나 국가 부도 가능성에 관해서는 전문가들의 주장이 엇갈린다. 주요국의 국가 부도는 그 영향이 주변국뿐 아니라 세계에 작용하기 때문에 정확히 진단하고 대응책을 모색할 필요가 있다.

국가 부도는 크게 세 가지 경로로 온다. 첫 번째 경로는 모라토리엄(moratorium)이다. 이는 한 국가가 외국에서 빌려온 차관의 상환을 일시적으로 연기하는 것을 뜻한다. 두 번째 경로는 디폴트(default)다. 채무상환 유예를 선언하는 모라토리엄과 달리 디폴트는 국채 만기가 도래했지만 상환할 능력이 없는 채무불이행 상태를 가리킨다. 세 번째 경로는 국제 신용평가사가 국가신용등급을 기술적 부도(selective default) 등급으로 강등하는 경우다.

러시아는 엄밀히 말하면 국가 부도 상황은 아니다. 먼저, 러시아가 달러 표시 부채를 갚을 능력이 있다는 면에서 모라토리엄과는 거리가 있다. 또한 러시아는 채무 이행 액션을 취하고 있다. 쉽게 말하면 송금 버튼은 누르지만 채권자가 그 돈을 못 받는 것이다. 왜일까? 스위프트에서 차단하기 때문이다. 그렇지만 러시아는 3월에도 국고채 상환 및 이자 비용 지급을 씨티그룹을 통해 이행했기 때문에 금융 제재에서도 예외 사항이다.

국제 신용평가기관인 S&P, 무디스, 피치가 러시아의 국가신용 등급을 각각 투자부적격 등급인 CC, Ca, C로 강등했다. 이는 디폴트 전 단계이고, 신용평가사들은 채무불이행 후 한 달의 유예기간을 준 다음에도 상황이 바뀌지 않으면 디폴트 선고를 내린다. 따라서 러시아가 국가 부도 상황에 놓일 가능성은 작은 편이다. 그러나 스위프트 결제망에서 러시아 금융기관을 배제하는 제재는 국제 금융 시장에 상당한 혼선을 초래할 것으로 보인다. 기업의 대금결제회수를 지연시키고, 우회 결제에 따른 비용이 증가할 수 있다.

러시아에서 대금 결제가 안 되면 어떤 일이 발생할까? 우리나라에서도 대기업만 40개 정도가 러시아에 공장을 두고 있다. LG전자, 삼성전자, 현대자동차 등은 물론이고 심지어 오뚜기는 공장을 증설하던 중에 전쟁이 발발하고 말았다. 이들 기업은 러시아 현지에서 원자재나 부품을 제공받아 공장에서 완제품을 만들어 다시 수출하는 구조로 사업을 한다. 완제품을 러시아나 그 인근 지역에 판매하기 위한 용도로 현지화 전략을 한다. 그런데 그렇게 수출한들 대금 결제가 안 되니 그 자리에 계속 있을 필요가 없어졌다.

이런 이유로 기업들이 러시아를 떠나고 있으니 러시아는 경제 충격으로부터 헤어나올 수가 없는 것이다.

세계 원자재 시장의 충격

더 큰 문제는 원유다. 세계 Top10 원유 생산국 중 러시아가 2위를 차지할 정도로 러시아는 전 세계 원유 공급에 큰 비중을 차지하는 나라다. 전체 원유 공급량 중에 러시아가 담당하던 약 14%

세계 Top 10 원유 생산국별 생산량과 비중

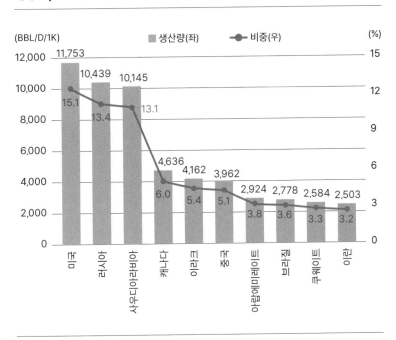

자료: Trading Economics
주: 검색 시점은 2022년 2월 19일, 국별자료는 최근 시점(2021년 10월~2022년 1월) 기준

의 원유 공급이 부족해지면 수요와 공급의 원리에 의해서 가격이 오를 수밖에 없다. 더군다나 세계 원자재 시장에서 러시아의 비중이 굉장히 크다 보니 충격이 클 수밖에 없다.

게다가 러시아 또한 우크라이나처럼 곡창지대로 밀 생산국인데 밀을 제대로 공급하지 못하고 있다. 더군다나 지금 씨를 뿌릴 수가 없으니 장기적으로 곡물 가격은 더 오를 것이라고 보고 있다.

다음 그림은 러시아로부터 유럽연합이 가스를 공급받아왔던 현황이다. 초록색으로 표시된 지역은 100% 러시아산 천연가스만 썼던 나라들이다. 왜 천연가스를 100% 러시아에 의존했을까? 당연히 제일 저렴하기 때문이다. 가까운 나라일수록 물류비가 덜 드니까 더 저렴할 것 아닌가. 이런 나라들이 러시아로부터 천연가스를 공급받지 못하게 된 것이다. 이미 세계 경제는 공급망 병목 현상이라는 난제에 직면해 있었는데, 러시아 제재는 에너지와 원자재 수급 문제를 더욱 악화시킬 전망이다.

우리나라도 러시아로부터 나프타, 원유, 유연탄, 천연가스 등의 에너지를 수입하고 있다. 인플레이션 압력이 가중되고 있고, 동시에 실물경제 충격이 현실화하고 있다. 스태그플레이션은 통화정책을 결박하는 듯하다. 고물가를 잡자니 경기 침체가 걱정인 것이다. 즉, 신냉전발 경기 침체가 기준금리 정상화 속도에 제동을 걸게 만

러시아의 유럽연합(EU)에 대한 가스 공급 현황

러시아산 천연가스 소비량 분포도

▲ 0 ▲ 0.1 ▲ 25 ▲ 50 ▲ 75 ▲ 100

● 가스 저장소

들고 인플레이션을 용인하게 만든다.

더군다나 앞서 설명했듯 코로나19로 인한 탈세계화와 더불어 우크라이나 사태까지 탈세계화의 시계를 빠르게 돌리고 있다. 이제 우리는 세계화의 종식에 대응해야 한다. 무역 의존도가 높은 우리나라는 탈세계화라는 구조적 변화에 상당한 영향을 받을 수밖

글로벌 원자재 시장에서 러시아의 비중

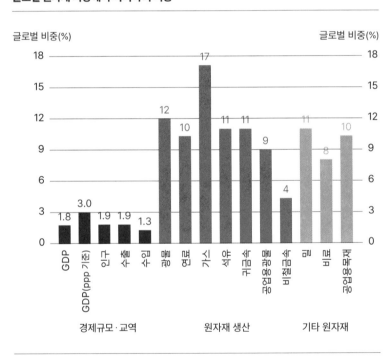

자료: Goldman Sachs, 국제금융센터

PART 1 초인플레이션(Hyper-Inflation) 압력

에 없다. 수출 측면에서도 중요하겠지만 원자재나 부품 수급이라는 면에서 더욱 중요한 시점이다.

먼 나라에 전쟁이 발발했지만 세계에는 신냉전 시대가, 한국 경제엔 스태그플레이션이 몰려오고 있다. 경제 제재에 따른 초단기적 대응력을 갖추면서 스태그플레이션이라는 구조적 함정에 빠지지 않도록 준비해야 한다.

초인플레이션 시대가 왔다

'blood and oil(피와 기름)'이라는 표현이 있다. '전쟁과 국제 유가'를 뜻한다. 전쟁 후에는 국제 유가가 오르기 마련이라는 의미다.

그런데 앞서 에너지의 대전환을 이야기했다. 원유의 시대는 끝이 났다고 하면서 국제 유가는 왜 오르는 것일까? 원유 수요가 줄어드니 가격도 떨어져야 하는 것 아닌가? 그러나 단기적인 이슈와 장기적인 구조의 변화를 혼동해선 안 된다.

국제 유가의 흐름은 지금 이번 달, 다음 달 혹은 오랫동안의 국제 유가의 흐름에 지금의 전쟁이 영향을 미치는 것일 뿐이다. 그러나 원유의 시대가 끝나고 디지털 경제로 전환하는 것은 매우 구조적이고 장기적인 변화다. 그렇기 때문에 이런 변화가 2022년 내에 국제 유가를 결정짓는 요인은 아니다. 따라서 중장기적이고 구조적인 요인을 가지고 단기적인 이런 현상을 이해하려고 하면 도저히 이해가 안 될 것이다.

실제 국제 유가는 다음 그래프와 같이 급등하고 있다. 미국 에너지정보청에 따르면, 국제유가 레벨 자체가 2022년 2월의 전망치만 해도 파란색 선과 같았는데 주황색 선처럼 급등하는 흐름으로

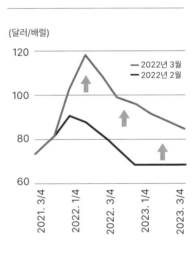

국제유가 추이(브렌트유 현물 기준)

(달러/배럴)

자료: 한국은행(2022.3), 국제유가 상승이 주요국 기대인플레이션에 미치는 영향, 국제경제리뷰
주: EIA 자료 기준

EIA 국제유가 전망

(달러/배럴)

— 2022년 3월
— 2022년 2월

자료: 한국은행(2022.3), 국제유가 상승이 주요국 기대인플레이션에 미치는 영향, 국제경제리뷰
주: EIA 자료 기준

PART 1 초인플레이션(Hyper-Inflation) 압력

전개되었다. 앞으로 국제유가가 다소 하향 안정화될 수는 있겠지만 여전히 고유가 시대인 것은 사실이다.

사람들이 인식하지 못할지라도 원유는 안 쓰이는 데가 없을 정도로 우리 생활에 밀접하다. 예를 들어 우리가 입고 있는 옷도 원유에서 나온 것이고, 우리가 가는 모든 길과 공간도 원유에서 나왔다. 원유가 없으면 제대로 돌아가는 게 없다고 해도 과언이 아니다. 그렇기 때문에 국제유가가 이처럼 높게 형성되면 거의 모든 것의 가격이 오를 수 있다. 실제로 2022년 2월 초보다 러시아-우크

미국 소비자물가(CPI) 상승률 추이

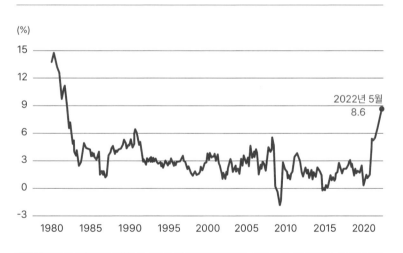

자료: FRED

라이나 전쟁 이후인 3월 초에 물가 전망이 급격히 상향 조정되는 걸 확인할 수 있다. 미국과 유로존의 경우 특히 물가 상승 압박이 더 크게 작용한다.

미국의 경우 2022년 5월의 물가상승률이 8.6%였는데, 이는 무려 41년 만의 최고치다. 우리나라 물가도 2022년 5월 5.4% 상승률을 기록했는데, 이것도 14년 만의 최고치다. 우리가 만나게 될 것은 초인플레이션(Hyper-Inflation)이다.

글로벌 물가 전망 변화

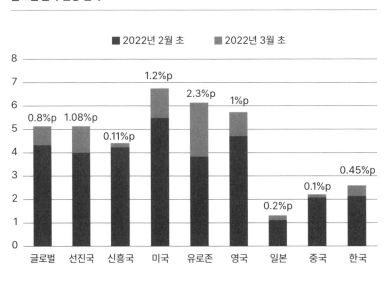

자료: 주요 IB 집계, 국제금융센터

　　　　　　　　　　　PART 1 초인플레이션(Hyper-Inflation) 압력

문제는 물가 상승이 물가 상승으로 그치는 게 아니라는 사실이다. 먼저 수요자 입장에서 예를 들어 스마트폰을 사야 하는 상황이라고 해보자. 스마트폰 가격이 다음 달 더 오를 거라고 믿으면 지금 사려고 할 것이다. 그렇게 수요가 폭발하니까 가격이 더 오른다. 공급자 입장에서는 어떨까? 예를 들어 김밥 가게를 운영하는데 쌀 가격이 오를 것이라고 전망한다면 김밥 가격을 올릴 수도 있다.

결국 '기대인플레이션', 즉 물가가 앞으로 상승할 것이라는 기대 혹은 믿음은 미래의 물가를 선반영해서 가격을 책정하게 만든다. 가령 라면을 만드는 식료품 제조업체라면 물가 상승을 선반영해서 향후 라면 가격을 올려서 포장지를 만들기로 계획할 것이다. 이런 식으로 공급자가 가격을 책정하게 되는 것이다.

물가는 상승하는데 임금은 제자리라면 생활이 팍팍해진 근로자들은 당연히 임금 협상에서도 임금 인상을 요구할 것이다. 그리고 임금이 올라가면 결국 그것이 또 다른 가격 상승을 만든다.

또한 실질 이자율은 하락하니까 유효 수요는 증가한다. 따라서 수요가 계속 증가한다. 그래서 우리가 인플레이션을 기대하다 보면 진정한 인플레이션이 또다시 찾아온다.

인플레이션이라는 것은 쉽게 말해 가격 상승이다. 가격은 왜 상승하는가. 수요가 늘어서일 수 있고, 공급이 줄어서일 수도 있다.

수요가 늘었을 때 발생하는 인플레이션을 '초과 수요 인플레이션 (demand pull inflation)'이라고 하고, 공급 부족으로 인해 생산 비용이 인상되어 생기는 인플레이션을 '비용 인상 인플레이션(cost push inflation)'이라고 한다. 둘 중 하나만 발생해도 수요와 공급이 불일치하기 때문에 가격이 상승할 수 있다.

그렇다면 지금 일어나는 고물가, 즉 초인플레이션 현상의 원인은 어느 쪽일까? 공급의 문제로 인한 비용 인상 인플레이션에 해당된다고 본다. 공급난, 다시 말하면 원자재 수급의 불균형이 초인플레이션을 만들었다고 볼 수 있다. 그렇기 때문에 수요가 늘어난다고 해서 인플레이션이 잡힐 리 없다.

그렇기 때문에 우리는 초인플레이션 시대에 이미 진입했으며, 초인플레이션 시대라는 것은 어떻게 보면 단기간 안에 벗어날 수 없는, 우리 경제를 표현하는 대주제라고 할 수 있다. 초인플레이션 시대에는 물가를 잡기 위한 정책이 지배적이 되고, 그 결과 우리는 높은 기준금리와 금리 급등의 시대에 놓이게 된다.

2022~2023년에는 물가를 잡기 위해 금리를 인상할 것이고, 물가가 잡히면 더 이상 금리 인상을 하지 않을 것이다. 즉 물가 상승세 추이를 보면서 적정 물가를 만들어나갈 것이다.

이런 의문이 생길 수 있다. 인플레이션으로 물가가 상승하면 일

기대인플레이션이 인플레이션에 미치는 영향

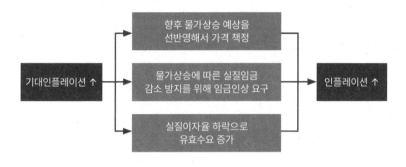

자료: 한국은행(2022.3), 국제유가 상승이 주요국 기대인플레이션에 미치는 영향, 국제경제리뷰

정 기간 후 소비가 줄어들 것이 아닌가. 또한 우리나라는 부동산 비중이 높으니 금리 상승으로 인해 소비 여력이 떨어지면, 보복적 소비로 인한 초인플레이션은 단기간에 그치지 않을까? 그럼 인플레이션이 끝나는 기간은 금리 상승이 끝나는 기간과 비슷할까?

2022년까지는 이 인플레이션이 단기간에 끝날 거라고 예측할 수 있었다. 하지만 우리가 생각하지 못했던 또 다른 변수가 왔다. 바로 러시아의 우크라이나 침공이다. 이 전쟁이 어떻게 경과될지 누구도 예측할 수 없는 상황이다.

CHAPTER 4

식료품 원자재 슈퍼 사이클 오나?

그야말로 모든 것의 가격이 오르는
인플레이션 시대. 더 나아가
원자재 가격이 4~5년간 급등하는
슈퍼 스파이크의 위협 앞에 우리는 서 있다.

인도네시아발 식용유 보호무역주의

쌀 가격이 오르면, 김밥 가격을 안 올릴 수 있을까? 쌀뿐만 아니다. 달걀이나 햄 등 김밥 재룟값이 모두 오르는데, 김밥 가격을 안 올릴 방법이 있을까? 가격을 올리면 손님이 줄 것 같아 걱정이지만, 안 올리면 남는 게 없으니 올릴 수밖에 없는 상황에 처한다. 모든 식료품 원자재 가격이 오르면서, 라면, 빵, 과자 등 가공식품 가격도 오르고 있다. 전반적인 소비 품목의 가격이 오르는 이른바 인플레이션의 시대다.

이런 와중에 인도네시아가 팜유 수출을 금지하는 일이 벌어졌다. 2022년 4월 인도네시아 정부가 자국의 식용유 품귀현상을 막

세계 식용유 소비 현황(2021)

자료: CPOPC(Council of Palm Oil Producing Countries)

세계 주요국 식용유 생산 비중

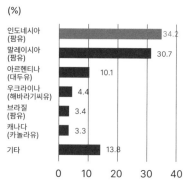

자료: OECD and FAO Secretariats

기 위해 내린 조치다. 인도네시아는 세계 최대 팜유 생산국으로, 팜유산업이 구조적으로 수출에 집중되어 있었다. 2021년 세계 식용유 국제 가격이 급등하는 추세 속에, 2022년 들어 발생한 러시아-우크라이나 전쟁으로 더 치솟으면서 인도네시아 팜유업체들이 수출에만 주력하게 된 것이다.

그 결과 세계 식용유 쇼크가 벌어졌다. 팜유는 세계 식용유 소비의 약 31.8%를 차지하므로, 팜유 공급이 원활하지 못해 가격이 오르면 대체재인 대두유 등의 식용유 가격이 오를 수밖에 없는 것이다.

인도네시아는 세계 식용유의 34.2%를 차지하는 최대 생산국이다. 더구나 전쟁으로 인한 우크라이나의 해바라기씨유 공급 차질이나 식료품 물가 안정화를 위한 주요국의 식량 보호주의 확산 등을 고려하면 식용유뿐만 아닌 식료품 전반에 걸친 가격 상승세가 우려되는 시점이다.

식료품 원자재 슈퍼 스파이크, 현실화되나?

만약 우리나라가 자원 수출국이라면 원자재 가격 급등이 불안의 요소가 아니다. 오히려 기회의 요소다. 그러나 우리나라는 자원 빈국이기 때문에, 농산물 가격 강세가 불안하게 느껴지는 것이다.

더구나 인도네시아가 보여준 자원민족주의는 긴장감을 주기도 한다. 식용유뿐만 아니라 농산물 전반에 걸친 가격 상승 압력이 한국 경제의 하방 압력으로 작용한다. 『위드 코로나 2022년 경제전망』에서도 원자재 가격 상승세가 지속함에 따라 경제에 상당한 부담으로 작용할 것임을 강조한 바 있다.

세계 3대 농산물 원자재 가격이 치솟고 있다. 코로나19 충격으로 2020년 각 원자재 가격은 저점을 기록했고, 이후 추세적으로

주요 농산물 원자재 가격 추이

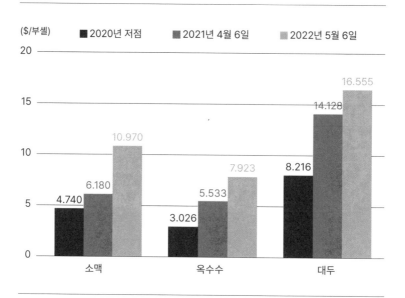

자료: Bloomberg
주: 2020년 저점의 기준일은 소맥(6.26), 옥수수(4.28), 대두(3.16)

상승해왔다. 옥수수는 2020년 저점에서 161.8%나 올랐고, 대두나 소맥도 각각 101.5%, 131.4% 상승했다(2022년 5월 6일 기준). 더군다나 러시아-우크라이나 전쟁 이후 원자재 가격이 더 치솟고 있으니, 가계소득이 정체된 상황에서 서민에게 얼마나 큰 부담으로 작용할지, 우려를 감추기 어렵다.

2023년에는 식료품 원자재의 슈퍼 스파이크(super spike)가 세계

PART 1 초인플레이션(Hyper-Inflation) 압력

경제를 위협할 전망이다. 슈퍼 스파이크란 골드만삭스가 2005년 말「글로벌 투자 보고서」에서 원자재 가격 추이를 분석하면서 처음 사용한 말로, 원자재 가격이 4~5년간 급등하는 단계를 의미한다. 원자재의 수요가 급격히 증가하는 데 반해 공급이 이를 따라가지 못하여 생기는 현상이다.

골드만삭스 산하 세계투자연구센터(GIR)는 2005년 말과 2006년 초 두 차례에 걸쳐 발간한 보고서에서 슈퍼 스파이크라는 용어를 처음 사용했다. 이 보고서에서 골드만삭스는 1970년대 발생한 1, 2차 오일쇼크와 같은 유가가 급등 배럴당 105달러에 이를 것으로 분석한 바 있다.

2008년 5월 골드만삭스는 원유 소비 급증, 원유의 공급 부진, 석유수출국기구(OPEC)의 낮은 증산량, 주요 산유국들에 대한 외국 투자 제한 등의 요인으로 전체적인 원유 공급은 수요를 쫓아가지 못할 것이라는 점을 들어 향후 2년 안에 200달러까지 유가 급등이 이어질 것이라고 전망했다.

슈퍼 스파이크는 원자재 가격이 4~5년간 급격히 상승하는 단계를 가리키므로, 통상적으로 20년 이상의 장기적인 가격 상승 추세를 뜻하는 원자재 슈퍼 사이클(commodities super-cycle)과는 차이가 있다. 원자재 전반에 걸쳐 장기 상승세를 이어가는 슈퍼 사이클을

원자재 슈퍼 사이클

역대 원자재 슈퍼 사이클들은 장기적이고 구조적인 원인에 의해서 발생했다. 1차 슈퍼 사이클(1906~1920)은 1917년을 고점으로 발생했고, 미국 경제가 부상하면서 원자재 수요가 확대되었다. 2차 슈퍼 사이클(1932~1947)은 1941년을 고점으로 한다. 제2차 세계대전 및 한국전쟁에 따른 원자재 소비와 전쟁 후 사회간접자본 재건과 같은 구조적 원인이다. 1973년을 고점으로 한 3차 슈퍼 사이클(1972~1980)은 1·2차 오일쇼크에 따라 원유 공급이 급격히 부족해졌고, 대체재 수요가 증폭하면서 발생했다.

2000년대에 있었던 4차 슈퍼 사이클(2001~2016)을 자세히 들여다보자. 2000년대 들어 중국이 사회주의적 시장경제(socialist market economy)를 도입하기에 이른다. 2001년 WTO(세계무역기구)에 가입하고, 국유기업의 민영화를 추진했다. 환율제도를 개편하면서 해외직접투자가 중국으로 집중되는 등 대외거래가 급격하게 증가했다. 중국이 두 자릿수로 성장하면서 세계 주요 원자재를 흡입하다시피 했다. 중국은 세계 에너지의 20%, 철강의 43%, 알루미늄의 41%를 소비했다(2012년 기준). 한편, 인도, 브라질, 러시아 등의 신흥국들이 도시화를 진전시키고, 제조업을 일으키며 사회기반시설을 확충하면서 다양한 원자재 소비가 늘었다. 그뿐만 아니라 신흥국들의 국민소득이 증대되고 중산층이 확대되면서 곡물 소비가 증가하고, 커피나 코코아 등과 같은 기호성 농산물 소비도 크게 늘었다.

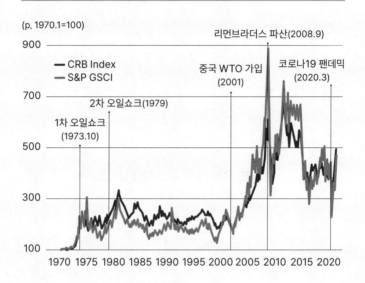

국제 원자재 가격 추이

(p, 1970.1=100)

CRB Index
S&P GSCI

리먼브라더스 파산(2008.9)

2차 오일쇼크(1979)

중국 WTO 가입
(2001)

코로나19 팬데믹
(2020.3)

1차 오일쇼크
(1973.10)

자료: Bloomberg
주1: CRB Index=Commodity Research Bureau Index
주2: S&P GSCI=S&P Goldman Sachs Commodity Indices

전망할 단서를 찾을 수는 없다.

그러나 2020년 4월 원자재 지수(CRB index)가 저점을 기록한 이후 현재까지 상승세를 지속하고 있고, 2023~2024년까지도 식료품 원자재 가격만큼은 상승 압력으로 작용할 요인이 상당히 많은 상황이다.

식료품 슈퍼 스파이크 가능성 진단

트러블 슈팅(Trouble Shooting)이 필요하다. 트러블 슈팅이란 원래 정보기술(IT)업계의 용어로 망가진 제품 또는 기계 시스템의 망가진 프로세스를 수리하는 일에 주로 적용된다. 문제 해결을 위해 문제의 원인을 논리적이고 체계적으로 찾는 일이며, 종합적으로 해결 방안을 찾는 일이다. 다시 말해 트러블 슈팅은 증상 식별에 필수적이다.

경제학의 측면에서도 트러블 슈팅을 활용할 수 있다. 2020년 2분기 이후 식료품 원자재 가격이 급등한 다섯 가지 배경을 중심으로 향후 슈퍼 스파이크가 현실화될지 진단해보자.

첫째, 국제유가 상승이 식료품 원자재 가격 상승에 영향을 미쳤

석유화학 산업의 구조

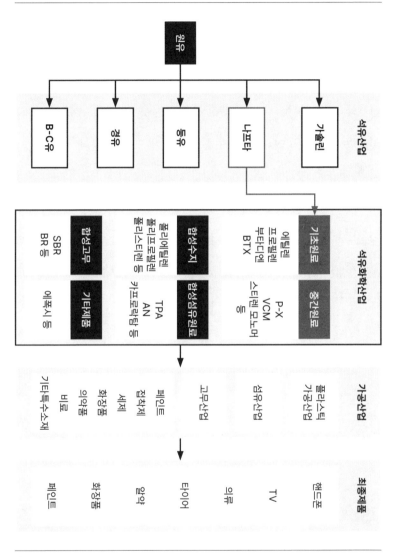

자료: YNCC

다. 국제유가 상승은 전통적으로 석유화학을 기초로 하는 화학비료 등의 가격을 상승시켜 식료품 원자재 가격을 상승시킨다.

우리 몸의 70%가 물이듯, 소지품의 70%는 석유다. 원유가격이 오르면 석유화학제품의 가격이 오르고, 이를 가공해 만드는 비료와 농약 등의 가격도 오르기 마련이다. 특히 농산물 생산단가에서 비료와 농기계용 연료가 차지하는 비중이 크기 때문에, 에너지 가격의 상승은 농업에 상당한 부담을 준다.

미국 에너지정보청(EIA, Energy Information Administration)의 전망에 따르면, 2022년 2분기에 국제유가가 고점을 기록하고 이후 하향 안정화 추세를 보일 것이지만 당분간 고유가 시대는 계속될 것으로 판단하고 있다. 식료품 원자재 슈퍼 스파이크 가능성에 무게를 둘 수 있게 하는 근거가 된다.

둘째, 지구온난화와 이상기후가 식료품 원자재 가격의 상승 요인으로 작용한다. 지구온난화는 이러한 재해를 빈번하게 하여 농산물 공급을 불안정하게 한다. 글로벌 이상기후는 주요 식료품 원자재 생산국들에 최악의 홍수나 가뭄을 가져왔고, 대두, 옥수수, 밀, 보리 등의 원자재 가격을 폭등시켜왔다.

근래 들어 동아프리카와 서아시아 지역에는 메뚜기 떼가 기승을 부리고, 라니냐(La Niña)는 브라질, 아르헨티나 등 곡물 수출국

세계 식량가격지수

(2014-2019=100)

자료: FAO

들의 생산과 수출을 가로막았다.

참고로 적도 부근 동태평양의 해수면 온도가 평년보다 0.5℃ 이상 높은 상태가 5개월 이상 지속될 경우를 '엘니뇨(El Nino)'로 정의하고, 반대로 동태평양 해수면 온도가 5개월 넘게 평년보다 0.5℃ 이상 낮은 경우는 '라니냐(La Nina)'로 정의한다. 엘니뇨와 라니냐는 세계 곳곳에 홍수, 가뭄, 한파 같은 이상기후 현상을 일으킨다.

세계적으로 탄소저감을 위한 노력을 가속화하고 있지만, FAO(국제연합식량농업기구) 등과 같은 주요 기관들은 단기간 안에 지구온난화를 막을 수 없다고 관측하고 있고, 이러한 점에서 당분간 곡물 가격 상승 압력이 유지될 것으로 전망된다.

셋째, 화석 연료를 대체하는 바이오 연료가 부상하면서, 대체에너지로서 주요 곡물 수요가 구조적으로 증가하고 있다. 바이오연료는 자연에 존재하는 각종 유지 성분을 물리, 화학적 과정을 거쳐 석유와 유사한 액체 연료로 변환시킨 것이다. 화석연료 대비 미세먼지, 질소산화물, 황산화물이 현저히 적게 발생한다.

바이오에탄올, 바이오디젤 등과 같은 바이오 연료의 사용을 확대하는 것은 세계적인 추세이고, EU, 미국, 캐나다, 브라질, 인도, 태국 등 많은 국가에서 화석 연료와 혼합하여 사용하고 있다. 온실가스를 감축하고 탄소중립을 이행하기 위한 움직임의 일환인 것이다.

한국은 「신재생법」상 바이오디젤 혼합의무비율을 규정하고 있고, 현재 자동차용 경유에 바이오디젤 혼합의무비율이 약 3.5% 수준에서 점차 상향하여 2030년까지 5%로 강화해나갈 계획이다. 현재 국내 5개 정유사를 대상으로 2015년 7월부터 경유에 바이오디젤 혼합 의무비율 2.5%를 적용하기 시작해 2018년 3%, 2021년 7월부터는 3.5%를 적용하고 있다.

일반 경유에 바이오디젤 의무혼합비율 계획

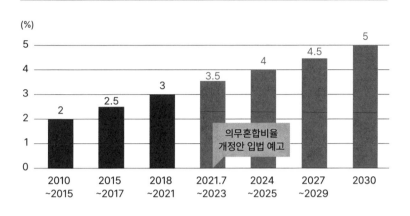

자료: 산업통상자원부

세계적으로 많은 기업이 바이오 연료 개발을 신산업으로 추진하고 있고, 국내에는 최근 GS칼텍스와 포스코인터네셔널이 팜유를 활용한 친환경 바이오디젤 사업 진출을 추진하고 있다. 바이오 연료의 원료에 해당하는 옥수수(바이오에탄올)나 대두 및 팜유(바이오디젤) 수요 증가로 이어질 수밖에 없다.

미국의 경우 전체 옥수수 수요 중 에탄올 부문이 34%를 차지하고, 대두유의 경우 전체 수요의 25%를 바이오 디젤이 차지한다(USDA, 미국 농무부). 더욱이 최근 국제유가 상승으로 대체재인 바이오 연료 수요가 더욱 증가하고 있다.

넷째, 러시아의 우크라이나 침공은 원자재 가격에 '기름 붓기'에 비유될 만하다. 전쟁은 일시적으로 원자재 전반의 가격을 급등시켰지만, 전쟁이 종식될지라도 식료품 원자재 가격에는 중기적인 가격 상승효과를 가져올 전망이다. 앞서 설명했듯 러시아는 원유나 천연가스와 같은 에너지 자원 강국일 뿐 아니라, 세계 최대 밀 수출국이다.

우크라이나도 그 못지않다. 우크라이나의 식료품 원자재 수출량은 세계 옥수수의 14%, 밀의 9%, 해바라기유의 43%를 차지한다. 전쟁으로 상당수의 우크라이나 농경지가 훼손되었고, FAO는 기존의 28%에서만 재배가 가능하다고 밝혔다. 이러한 문제는 단기간 안에 해결될 과제가 아니다. 전쟁 중에 과연 씨를 뿌릴 수 있겠는가? 적어도 2023년 수확량에도 큰 지장을 줄 것이다.

다섯째, 글로벌 식량안보 경쟁이 식료품 원자재 가격을 더욱 요동치게 할 것이다. 식료품 보호무역주의는 러시아 전쟁 이전부터 일었다. 코로나19의 충격으로 식량안보 경쟁이 시작되어 세계 각국은 식량 재고를 축적하기 위한 움직임을 단행해왔다. 2021년 아르헨티나는 옥수수를 비롯한 주요 농산물 수출 금지 조치를 단행하고, 러시아는 소맥 수출 쿼터제와 수출세를 도입했다. 앞서 기술했듯, 인도네시아는 자국의 물가 안정을 우선해 팜유 수출을 금지했다.

세계적인 밀 생산국인 인도 역시 밀 수출을 금지했다. 말레이시아도 6월 들어 닭고기, 생닭, 너겟, 소시지까지 모든 닭 관련 제품의 수출을 전면 중단했다. 보호무역 조치는 또 다른 보호무역 조치를 불러올 것이다. 세계 경제는 초인플레이션 시대에 놓였고, 각국 정부는 물가를 안정시키기 위한 노력을 집중할 것이다. 식료품 물가 안정을 위해 자국의 농산물 수출을 막고, 해외 수입을 추진하는 이른바 '식량 전쟁'으로 이어질 가능성도 작지 않아 보인다.

글로벌 식량 전쟁의 시대, 새로운 준비

그렇다면 이런 시대에 우리는 어떤 준비를 해야 할까?

첫째, 단기적으로 식량 위기관리 대응체계를 구축해야 한다. 세계 7위의 곡물 수입국인 한국은 식료품 원자재 슈퍼 스파이크에 더 취약할 수밖에 없다. 이에 대응하기 위해서는 적정 비축량 관리가 필요하다. 쌀을 제외한 밀(12.8%), 콩(8.6%), 옥수수(7.4%) 등의 식량자원은 FAO의 권장 재고율(18.0%)에 못 미친다.

정부는 민간부문과 협력하여 적정 비축량을 유지할 수 있어야 한다. 특히 사료용 곡물의 공공비축 도입이 필요하다. 육우 축산물 생산비 중 사료비 비중이 55.2%에 달한다. 사료 가격 폭등에 따른 충격을 완화하기 위한 비축 기준 마련 등 제도적 보완이 시급하다.

둘째, 중장기적인 관점에서 식량자원 개발사업을 추진해야 한다. 2020년 기준 한국의 식량자급률은 45.8%, 곡물자급률은 20.2%로 하락하는 추세에 있다. 「이코노미스트」가 평가하는 세계 식량안보지수(Global Food Security Index)로 보아도 OECD 회원국 중

연도별 식량 및 곡물 자급률

자료: 국회예산정책처

식량안보지수(Global Food Security Index)

글로벌 랭킹	국가	종합점수	구매력	공급력	품질과 안전	천연자원과 회복력
1위	아일랜드	84.0	92.9	75.1	94.0	74.1
2위	오스트리아	81.3	90.5	75.2	91.2	65.7
3위	영국	81.0	91.1	72.7	89.6	69.0
4위	핀란드	80.9	91.7	66.2	93.8	75.1
5위	스위스	80.4	89.0	76.9	86.4	65.1
6위	네덜란드	79.9	89.7	73.7	92.2	61.2
7위	캐나다	79.8	87.6	77.7	94.5	54.4
8위	일본	79.3	90.0	75.7	83.4	61.9
=9위	프랑스	79.1	90.3	67.0	92.1	67.5
=9위	미국	79.1	88.7	71.0	94.3	61.3
11위	독일	78.7	90.1	69.3	87.8	66.0
12위	이스라엘	78.0	90.6	75.2	90.7	47.6
13위	스웨덴	77.9	91.0	62.7	92.3	67.3
14위	체코	77.8	88.3	69.1	81.4	70.9
...						
21위	포르투갈	75.2	88.8	67.1	88.3	52.3
22위	폴란드	74.9	87.0	65.0	80.5	65.0
23위	러시아	74.8	86.9	64.9	85.8	59.9
=24위	코스타리카	73.6	84.5	61.4	82.4	67.0
=24위	카타르	73.6	83.8	74.4	83.5	43.4
=24위	스페인	73.6	88.4	61.2	84.4	58.2
27위	그리스	73.3	89.0	59.6	89.5	53.6
28위	칠레	73.2	82.4	66.8	84.2	57.1
29위	루마니아	72.4	81.8	66.6	85.4	52.6
30위	쿠웨이트	72.2	80.1	72.3	86.4	43.0
31위	헝가리	72.1	83.5	66.9	77.4	55.4
=32위	호주	71.6	84.9	64.1	87.8	44.7
=32위	한국	71.6	80.3	69.7	78.5	52.2
34위	중국	71.3	77.4	78.4	71.4	47.2

자료: Economist

에서 하위 수준이다.

농지 면적과 식량자급률이 매년 줄고 있어, 적정 농지 면적과 적정 자급률 기준을 마련하고, 이를 관리해야 한다. 그렇다고 해서 농업국으로 가자는 뜻은 아니다. 다만 경지 면적이 비슷한 네덜란드처럼 농업 정보망과 기술력을 갖추어 생산성을 끌어올릴 필요성이 있음을 강조하고 싶다.

한편, 해외 식량자원 개발도 적극적으로 추진해야 한다. 80%를 수입하는 한국은 자원외교 등을 통해 그 80%를 생산하는 나라들과 탄탄한 식량 공급망을 구축해야 한다. 개발도상국 지원사업과 연계해 해외농업을 늘리는 노력도 필요하다. 태국, 인도는 이미 주요 곡물 수출국 대열에 합류했고, 미얀마, 베트남 등과 같은 잠재력이 큰 나라들을 중심으로 네트워크를 확보해야 한다. 민간 기업들의 식량자원 개발사업 진출을 지원하고, 해외농업 전문가도 양성해야 하겠다.

셋째, 식료품 원자재 가격의 충격을 관리해야 한다. 식료품 제조사들은 약 6개월분의 재고를 확보하고 있으므로 일시적인 가격 폭등에는 대처할 수 있지만, 지금과 같은 장기적 비용 상승에는 수익성이 악화하고 부진한 경영 성과로 연결될 수밖에 없다.

실적 악화는 주가 하락으로 연결되어 악순환에 처할 수 있다.

특히 '손님이 줄까' 하는 걱정으로 메뉴 가격을 올릴 수 없는 자영업자들은 코로나19 충격을 간신히 이겨냈는데 재료비 상승이라는 '끝판왕'을 이겨내지 못할 수 있다. 비용 상승분을 메뉴 가격에 반영하는 가격 전가 능력이 떨어지는 자영업자와 소상공인 등의 이중고를 치유해주는 정책 도입을 검토해야 한다.

마지막으로, 선제적 식탁 물가 안정화 방안을 마련해야 한다. 홍수나 가뭄 이후 마련하는 대응책이나 한파나 폭설 이후 도입하는 대책이 아니다. 이미 식료품 물가가 2년여 동안 상승해왔고, 앞으로도 지속할 위협이 있다. 실물경제가 충분히 회복되지 않은 상황에서 이는 서민의 식료품 물가 상승으로 이어질 것이다. 똑같은 식료품 물가 상승도 저소득층에게만 유독 위협적일 수 있기 때문에, 식료품 바우처 제도를 확충하거나 취약계층을 위한 필수 식료품 직접 지원 등의 정책 마련을 고려할 필요가 있다.

자원 안보력을 높여야 한다. 차질 없이 원자재를 공급받을 수 있도록 하는 외교적 노력이 중대해졌다. 주요 원자재 공급 국가들과 자원 파트너십을 강화해야 한다. K-방역이나 K-문화콘텐츠 등을 활용해 교류의 장을 넓히고, 원자재 공급국가를 다변화할 필요도 있다.

기업들이 원자재 구입 및 조달 과정에서 차질이 생기지 않도록 장기 공급계약을 확대하거나 상품 선물시장을 통해 가격 변동에 따른 위험을 분산하는 등의 대응책이 마련되어야 하겠다. 식료품과 같은 일부 품목의 물가 상승으로 서민들의 생계부담이 가중될 수 있기 때문에, 식료품 수급 안정과 같은 정책적 노력이 더욱 강조될 시점이다.

기업들은 친환경 인프라 사업들이 늘어날 것이기 때문에 해외 건설사업으로부터의 기회를 살피고, 산업 수요에 맞게 자원개발사업 등의 영역으로 다각화하는 전략도 고민해봐야 한다.

한편, 모니터링 역량을 강화할 필요가 있다. 금리, 환율 등에 영향을 줄 국제 이슈들을 선제적으로 확인하고, 주요 원자재 가격에 영향을 줄 변수들도 실시간으로 확인해야 한다. 주요 원자재 생산을 주도하고 있는 신흥국에 진출하고, 주요 기업들과 공동 사업을 영위하는 시도도 고려해봐야 한다.

가계는 원자재 투자를 고려할 수 있다. 전서 『포스트 코로나 2021년 경제전망』에서도 원유선물 ETF 투자를 시도할 것을 추천한 바 있다. 국제유가나 주요 원자재 가격의 상승세를 반영한 ETF(Exchange Traded Fund, 상장지수펀드) 혹은 ETN(Exchange Traded Note, 상장지수증권)을 투자 포트폴리오에 반영할 수 있다.

특히 구리, 팔라듐 등과 같은 친환경 산업 관련 원자재는 중장기적으로 유망할 것이라고 전망되므로 투자를 추천한다. 슈퍼 사이클보다는 스몰 사이클을 가정하고 원자재 지수에 투자하되, 여건 변화에 유연하게 대응하며 포트폴리오 구성을 전환할 필요가 있다.

PART 2

돈의 대이동(Money-Movement)

CHAPTER 5

기준금리와
물가의 관계

미래를 예측하기 위해서는
기본적으로 금리란 무엇인지 알아야 하고,
금리와 물가의 관계를 이해해야 한다.
금리와 물가는 어떻게 움직이는가?

완화의 시대에서 긴축의 시대로

1부에서는 초인플레이션 시대가 찾아온 배경을 설명했고, 앞으로도 인플레이션이 지속될 가능성이 크다는 전망을 해보았다. 물가가 높을 때는 금리를 가지고 물가를 잡으려고 노력하고, 그러면서 자연스럽게 고물가-고금리 시대가 온다. 이 말은 곧, 세상이 바야흐로 완화의 시대에서 긴축의 시대로 가고 있다는 뜻이다.

긴축의 시대로의 전환은 단순히 시대적 전환을 의미하는 것이 아니라, 돈의 가치를 송두리째 뒤바꿔놓는 것이다. 예를 들어 스마트폰을 살 때는 돈을 지불한다. 여러분이 보고 있는 이 책도 돈을 주고 산다. 밥, 자동차, 부동산, 주식 등 모든 것은 돈을 주고 바꿔

오는 것이다.

금리라는 것은 곧 돈의 가치인데 돈의 가치가 바뀐다는 말은 물건의 가치, 자산의 가치가 바뀐다는 뜻이다. 또 돈과 돈의 교환 가치인 환율도 바뀐다. 전방위적으로 돈의 가치가 이동함에 따라 경제 전반에 걸쳐 그 흐름이 바뀌는 것이다.

이런 시대의 전환과 함께 우리는 어떤 경제 환경에 놓일 것인가? 우리는 어떤 대응을 하고 어떤 준비를 해야 할까? 이를 알기 위해서는 금리가 왜 급등하는지, 기준금리의 기조가 왜 바뀌는지 들여다볼 필요가 있다. 기본적으로 기준금리란 무엇이고 또 금리란 무엇인지, 그게 경제와 무슨 관련이 있는지, 도대체 물가를 잡는데 왜 금리를 이용하는지, 그리고 대체 누가 기준금리를 결정한다는 것인지…. 이는 경제학의 가장 기본이 되는 내용이다.

이런 경제의 기본을 이해하려면 완화의 시대에서 긴축의 시대로 바뀌고, 통화정책 기조 또한 완화적 통화정책이 아닌 긴축적 통화정책으로 바뀌는 흐름을 이해할 수 있을 것이다. 그리고 흐름이 바뀌는 정도와 속도를 가늠해볼 수도 있을 것이다.

우선 금리란 과연 무엇인가? 그리고 기준금리란 무엇인가? 경제를 전망하기 위해서는 기준금리를 왜 인하하고 인상하는지를 알아야 한다. 우리가 금리에 대해 많이 들어서 알고 있다고 생각할 수 있지만 정확한 의미를 짚고 넘어갈 필요가 있다. 이에 대해 좀 더 자세히 알아보자.

금리는 돈의 가치다

금리에 대해 더 알아보기 위해 잠시 옛날이야기를 해보자. 1980년대에 짜장면이 얼마였는지 기억하는가? 짜장면 한 그릇에 500원 정도 했었다. 그럼 지금 짜장면 한 그릇은 얼마인가? 6,000~7,000원 정도 한다. 그러니까 짜장면 한 그릇의 가격이 500원에서 5,000원 이상으로 10배 이상 올랐다.

이런 말을 하면 무릎을 탁 치면서 "그때 짜장면 사둘걸, 그때 짜장면 천 그릇 사 놨으면 나 부자 됐는데"라고 하는 사람이 있을까? 짜장면은 소비재인데, 안타깝게도 소비재는 투자 대상은 안 된다. 다만 이렇게 계속 오르는 물건이 있다면 그때 많이 사뒀으면 부자가 됐을 것은 틀림없는 사실이다.

여기서 질문을 해보겠다. 짜장면 가격은 왜 오른 것일까? 한번 생각해보길 바란다. 별거 아닌 것 같아도 이 질문은 재테크라는 관점에서 굉장히 중요한 질문이기 때문이다. 짜장면은 왜 이렇게

짜장면 가격 추이

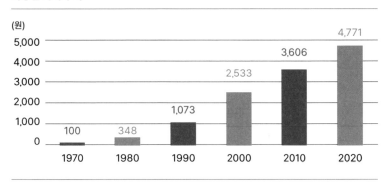

자료: (사) 한국물가정보

오르는 걸까? 물가가 올라서? 재료 값이 올라서?

짜장면 가격은 결국 그 물건의 가치를 뜻한다. 예를 들어 물 한 잔을 작년에는 1,000원 주고 샀다면 물 한 잔의 가치는 1,000원이다. 그런데 올해 물 한 잔의 가격이 두 배로 올랐다고 해보자. 그러면 물건의 가치는 두 배로 오른 반면 내 돈의 가치는 떨어진 것이된다. 작년에는 1,000원 주고 물건을 얻었는데 올해는 똑같은 물건을 2,000원을 줘야 얻을 수 있으니 내 돈의 가치는 떨어졌다.

조금 달리 말해보자. 작년에는 천 원짜리로 같은 물건을 바꿔주었는데 지금은 천 원짜리로는 그 물건을 얻을 수 없다. 그러니까 돈의 파워, 즉 구매력이 떨어진 것이다.

이것은 무슨 뜻일까? 물건의 가격이 올랐다는 의미다. 물건의 가격이 바로 '물가'다. 그런데 돈의 가치는 떨어졌다고 했다. '금리'가 바로 돈의 가치다. 물건의 가치가 오르면 돈의 가치가 떨어진다는 건, 다시 말해 물가가 오르는 동안 돈의 가치, 즉 금리는 상대적으로 떨어진다는 뜻이다.

금리와 물가는 역행한다

여기서 중요한 명제가 도출된다.

금리와 물가는 역행한다.

이는 너무나 중요한 명제이므로 꼭 머릿속에 기억해두길 바란다. 어떤 투자 결정을 하든 평생 이 명제를 염두에 두어야 한다.

금리와 물가는 역행하기 때문에 고물가일 때는 고금리라는 제도를 도입한다. 그럼 너무 높은 물가를 잡기 위해서 금리를 올린다. 금리를 올리면 물가가 떨어질 테니까. 반대로 저물가일 때는 저금리라는 제도를 도입한다. 물가가 너무 낮으니까 물가를 적정한 물가로 올려주기 위해 금리를 떨어뜨리는 것이다.

앞서 짜장면으로 예를 들었지만 1980년대에 짜장면 가격이 500원이었고 그동안 짜장면 가격이 10배 이상 올랐다면, 물가가 10배 올랐다는 뜻이다. 그런데 그동안 짜장면의 가치도 달라졌을까? 짜장면의 양이 많아졌는가? 아니면 재료의 질이 특별히 올랐는가? 아니다. 그렇다면 짜장면의 가치는 달라지지 않았는데 왜 가격은 올랐을까? 그것은 그 짜장면의 가격이 올라서가 아니라 돈의 가치가 떨어져서다. 쉽게 말하면 1980년대에는 500원짜리 동전을 들고 중국집에 가면 짜장면을 한 그릇 내주었지만, 이제는 500원짜리를 가지고 가도 짜장면을 내어주지 않는 경제가 된 것이다. 돈의 가치가 현격하게 떨어진 것이다.

짜장면을 예로 들었지만 새우깡도 1980년대에 50원에서 지금은 1,500원 정도이니, 30배 오른 것이다. 더 크게는 아파트도 1980년대에 1억 남짓하던 것이 30배가 가격이 오른 경우가 있다.

그래서 우리는 재테크를 하고 부동산에 투자한다. 그리고 어떤 부동산에 투자를 해야 할지, 주가가 오를지 떨어질지 판단하려고 노력한다. 하지만 그런 것을 판단하기 이전에 금리를 먼저 전망해야 한다. 경제 전망의 가장 중요한 변수가 금리이기 때문이다.

생각하는 것보다 금리를 전망하는 건 참 쉽다. 왜냐하면 금리에는 시장금리도 있지만, 기준금리, 즉 정책금리가 있기 때문이다. 정책금리는 누군가가 결정'하'는 금리이고, 시중금리는 결정'되'는 금리다. 여기서 정책금리를 예측하는 것은 더욱 쉽다. 왜냐하면 정책금리는 앞으로 금리 정책을 이렇게 펼 것이라고 미리 알려주기 때문이다. 알려주는 이유도 있다. 이에 대해서는 뒤에서 자세히 설명하겠다.

금리가 어떻게 움직일 것인지를 가장 중요한 변수로 보며 경제 전망을 하면 부동산 가격 전망이 틀리기가 더 어렵다. 부동산 매매 가격을 결정짓는 데 가장 중요하게 기여하는 변수가 금리이기 때문이다. 금리 외에 정책적인 변수 같은 걸 아무리 들여다봐도 금리가 급락할 때 부동산 가격이 급등하는 현상은 막으려야 막을 수가 없다.

문재인 대통령 정부 시절에 부동산 매매 가격을 잡기 위한 움직임을 적극적으로 펼쳐왔는데, 그러면 그 정책들이 가격을 급등시켰을까? 아니다. 물론 그 정책들이 하방 압력으로 작용한 것은 맞다. 다만 기준금리가 이토록 하락하면서 자연스럽게 자산 가치가 폭등했다는 사실을 생각해볼 필요가 있다.

다시 한번 강조하지만 금리와 물가는 역행한다. 다른 말로 하면, 금리와 자산 가치는 역행한다. 이것을 기본으로 인지하고 금리에 대해 먼저 이해할 필요가 있다.

CHAPTER 6 ─────────────

───────────── 기준금리 인상과 인하의
목적은 무엇인가?

코로나 충격을 이겨내기 위해
금리를 낮추고 양적완화를 단행했던
세계 각국은 위드 코로나에
진입한 후로는 금리를 정상화하기 시작했다.
이처럼 금리를 인상하고 인하하는 데는 이유
가 있다.

물가 상승과 금리인상

앞서 금리와 물가의 관계에 대해 설명했다. 금리와 물가는 떼려야 떼놓고 생각할 수 없다. 금리와 물가는 역행하므로, 물가가 오르면 물가를 잡기 위해 금리를 올린다.

그런데 여기서 고개를 갸우뚱하는 사람이 있을지 모르겠다. 기준금리를 인상하면 왜 물가가 잡힌다는 건가? 대체 누가 기준금리를 인상하는 건가? 기준금리란 그렇게 몇 번이나 인상하는 건가? 그렇다면 기준금리는 얼마나 인상하는 건가? 이 질문들에 대한 답을 찾아보자.

물가란 물건의 가격이라고 했다. 그런데 이 물가를 어떻게 계산

할까? 앞서 짜장면을 예로 들었던 이유가 있다. 물가를 계산하기 위해 통계청에서 매월 조사를 진행한다. 전년 동월 대비 460여 가지 소비 품목의 가격 등락을 계산하는 것이다. 그리고 460여 가지의 소비 품목의 가중평균을 낸다. 물가상승률이라고 하면, 전년 동월 대비 460여 개 품목의 가격이 평균적으로 얼마나 상승했는지를 보여주는 것이다.

여기서 한 가지 짚고 넘어가자. 그냥 '평균'이 아니라 '가중평균'을 내는 이유는 뭘까? 왜냐하면 우리 소비 품목 중에서 어떤 소비 품목은 우리가 굉장히 많은 지불을 하고 있는 영역이고, 어떤 소비 품목은 1년에 한 번 살까 말까 하는 것이므로, 품목마다 가중치가 다르기 때문이다.

간혹 물가에 왜 집값을 포함하지 않는지 궁금해하는 사람이 있다. 그런데 인플레이션은 소비자물가가 상승하는 것이지 자산 가치가 상승하는 게 아니다. 인플레이션이라는 것은 소비자물가가 상승한다는 뜻이고, 소비자물가가 상승한다는 말은 460여 가지 소비 품목의 가격이 상승한다는 뜻이다. 집은 소비의 대상이 아니다. 내구재가 아니고 소비재도 아닌 자산이다. 따라서 부동산 가격이 오르는 것은 자산 가치 상승으로서 봐야 하며, 소비자물가상승률 지표에 집값을 포함하지 않는 게 당연하다.

예를 통해 물가 상승에 대해 좀 더 알아보자. 2020년에 어떤 물건의 가격이 100원이었다고 해보자. 2021년에는 그 물건의 가격이 200원으로, 100원 올랐다. 2022년에는 또 100원 올라서 300원이 됐다. 그럼 물가상승률은 어떻게 됐을까? 가격이 100원에서 200원으로 상승할 때의 물가상승률을 계산해보면 (200원-100원)/100원 = 100% 상승한 것이다. 그리고 가격이 200원에서 300원으로 상승할 때는 물가상승률이 (300원-200원)/200원 = 50% 상승한 것이 된다. 물가는 상승했지만 상승'률'은 줄어든 것이다.

러시아-우크라이나 전쟁은 제쳐두고라도, 공급망 병목 현상은 2020년 후반기 혹은 2021년에 이미 본격화됐다. 2022년까지 공급망 대란이 계속된다고 하더라도 공급망 대란으로 인해 100원이 200원으로 100% 오른 것처럼, 200원에서 300원으로 100원 오르는 정도가 아니라 200원 정도가 올라야 그 물가상승률이 유지되는 것 아닌가. 그런데 그러기란 굉장히 힘들다.

더군다나 2020년에는 코로나19의 발생으로 록다운(봉쇄)이 있었다. 도로가 한산했고 공장 가동도 멈췄다. 그만큼 원유 수요가 줄면서 국제 유가가 마이너스 37달러를 찍었다. 그러니까 결과적으로는 코로나 팬데믹으로 인해서 수요가 급격히 줄어들었고, 이 수요가 계속 줄어드는 상태로 유지될 거라고 판단했기 때문에 원자재나 부품의 재고를 비축하지 않았다. 그런데 생각했던 것 이상으로 수요가 폭발적으로 회복되었다. 수요 예측의 실패로 원자재 공급망 대란이 온 것이다.

2020년만 해도 저물가였다. 우리나라 물가상승률이 1%가 안 됐다. 그런데 2021년 물가상승률은 당연히 고물가일 것이다. 전년 동월 대비니까 상대적으로 물가상승률이 높을 수밖에 없다. 그것을 '기저 효과'라고 부른다. 기저 효과에 따른 물가상승률이 반영된 것이라 상대적으로 높아 보일 뿐 이 물가상승률이 장기화될 수는 없다고 보는 것이 일반적이었다. 그런데 갑자기 러시아-우크라이나 전쟁이 일어났고 이것이 유례없는 수준의 원자재 부품 대란을 일으켰다. 그리고 이것이 초인플레이션 현상을 만든 것이다.

금리를 인하하면 벌어지는 일

금리를 인하하면 향후 어떤 일이 벌어지는 것일까? 나머지 조건이 다 똑같다는 전제하에 금리를 떨어뜨리면 기업 입장에서는 투자를 늘리려고 한다. 금리가 낮으므로 돈을 빌리기 쉽기 때문이다. '투자한다'는 단어를 정확하게 이해해보자. 만약 가계에서 노트북을 한 대 산다면 그것은 투자가 아니라 소비다. 그런데 기업이 노트북을 사면 투자다. 추가적인 생산을 하려고 노트북을 사는 것이기 때문이다.

예를 들어 신사업을 한다고 해보자. 커피숍을 운영하다가 빵 가게까지 하는 경우다. 이렇게 투자를 진작시키면 일자리가 늘 것이다. 즉 투자가 늘어나면 고용이 늘어난다. 고용이 늘어나면 취업 못 했던 사람들도 취업을 하게 되니까 우리나라 전체 국민의 평균적인 소득 수준이 개선될 것이다. 소득이 늘어나면 소비를 하고 싶어진다.

정리해보자. 금리를 인하하면 당연히 투자가 늘고, 투자가 늘면 고용이 늘고, 고용이 늘면 소득이 늘고, 소득이 늘면 소비가 는다. 그러면 또다시 투자가 늘고, 고용이 늘고, 소득이 늘고, 소비가 늘 것이다. 이것을 바로 '경제의 선순환 구조'라고 한다. 이런 원리를 초등학교 한 5학년 이상의 자녀가 있다면 꼭 알려주기를 권한다. 그 나이대라면 이 정도는 충분히 이해할 텐데, 이 정도만 알아도 경제가 잘 보이기 시작한다.

그런데 애초에 금리를 왜 인하하는가? 경기를 부양시키기 위해서다. 2008년 미국이 글로벌 금융위기를 겪으면서 사상 유례없는 수준의 경제 충격을 경험하면서 금리를 엄청나게 끌어내렸다. 이른바 '제로 금리'를 도입했다. 그리고 경기가 회복되는 걸 지켜보면서 그 낮은 금리를 계속 유지했다. 이것을 '완화적 통화정책'이라고 한다. 다시 말해 완화의 시대였던 것이다. 금리를 인하하고 유동성을 푸는, 시중에 돈을 많이 풂으로써 투자를 진작하고 소비도 늘릴 수 있도록 하는 환경을 만드는 것이 바로 완화의 시대였다.

그러다가 금리를 인상하기 시작하기 시작했는데 그 시점은 아주 중요한 모멘텀이다. 2015년 12월에 한 번, 2016년 12월에 또 한 번, 2017년에는 세 차례, 2018년에는 네 차례, 총 아홉 차례의 기준금리를 인상했다. 결국 2008년 글로벌 금융위기 이전 수준으로 금리를 돌려놓고자 인상하는 것이다. 이것이 긴축의 시대다. 금리를 정상화하는 시대, 유동성을 공급했던 걸 다시 거둬들이는 시대, 정상적인 통화정책의 시대. 이런 때에는 투자하는 방식도 달라져야 한다. 이에 대해서는 3부에서 자세히 설명하겠다.

유동성을 거둬들이며 정상화에 나서다

2019년부터 사실 경제가 안 좋아지기 시작했었다. 미·중 패권 전쟁이 격화되면서 미국 경제가 굉장히 어려운 짐을 짊어져야 했기 때문이다. 그래서 금리를 두 차례 정도 인하했다. 그래서 완화의 시대가 다시 오는 것으로 진단을 내렸다. 2020년까지만 해도 코로나19를 예상하지 못했기 때문이다.

그러다가 경제가 조금 회복될 것처럼 보였는데 우리가 예상하지 못했던 코로나19의 발생으로 경제 충격이 또다시 찾아왔다. 한 번 충격이 있었는데 좀 회복될 것 같더니 다시 충격을 받는 것, 이런 현상을 '더블 딥(double deep)'이라고 한다. '두 번'이라는 뜻의 'double'과 '급강하하다'라는 뜻의 'dip'의 합성어다. 경기침체 후 회복기에 접어들다가 다시 침체에 빠지는 이중침체 현상을 말한다. 우리말로는 '이중 침체' 혹은 '이중 하락' 등으로 번역된다.

2020년 역사상 유례없는 경제 충격이 다시 한번 찾아왔고, 그 경제 충격을 딛고 일어나기 위해서 미국은 또다시 제로 금리를 도입했다. 금리를 이토록 끌어내린 적이 없었을 만큼 금리를 다시 한번 끌어내렸다.

유동성 공급량도 마찬가지다. 2008년 글로벌 금융위기 때는 매월 800억 달러의 유동성을 시중에 공급했다. 그런데 2020년 코로나 팬데믹 때는 매월 1,200억 달러를 공급했었다. 훨씬 더 큰 규모의 유동성을 그냥 하늘에서 뿌린 것과 같다. 그래서 이를 '헬리콥터 머니(helicopter money)'라고 표현한다.

미국 경제성장률과 기준금리 추이 및 전망

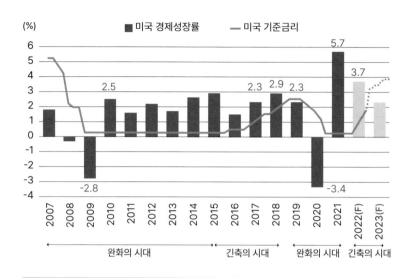

자료: IMF, FRB
주: 2022년, 2023년 경제성장률은 IMF의 2022년 4월 기준 전망치

그러다가 이제 드디어 회복의 시대가 찾아왔다. 불균형 회복일
진 몰라도 어쨌든 선진국들은 경제가 나름 뚜렷하게 회복되는 모
습이다. 국면이 달라졌으니 이제 달라진 대응책이 필요해졌다. 그
러니까 금리를 정상화하는 기조로 돌아선 것이다.

그럼 다시 앞의 질문으로 돌아가자. 금리를 왜 인하하고, 왜 인
상하는가? 이는 결국 세계 각국이 세계 경제와 자국 경제가 건전
하고 탄탄하게 뒷받침되는 환경을 조성하려는 노력의 일환이다. 그

래서 경기 부양이 먼저냐, 아니면 금리를 정상화해서 금융 불균형을 없앨 것이냐, 이런 두 가지 과제를 가지고 적정한 금리를 찾아서 결정하는 것이다.

CHAPTER 7

중앙은행과 통화정책의
궁극적 목표

금리를 결정하는 주체인
중앙은행의 궁극적인 목표는
물가 안정이다.
이 점을 이해하면 금리가
어떻게 움직일지 예측할 수 있다.

금리는 누가 결정하는가?

그러면 금리를 결정하는 주체는 누구인가? 그건 바로 중앙은행이다. 영어로는 센트럴 뱅크(Central Bank)이고 미국의 중앙은행은 '연방준비제도(Federal Reserve Board)', 줄여서 '페드(fed)'라고 부르는 것을 많이 들어봤을 것이다. 미국의 주마다(모든 주는 아니지만) 중앙은행의 성격을 가진 은행들이 있는데 그 은행들이 연계된 것이 바로 연방준비제도인 것이다. 그리고 잘 알다시피 우리나라의 중앙은행은 한국은행이다.

모든 나라의 중앙은행은 통화정책 결정회의를 한다. 우리나라에도 금융통화위원회가 있다. 이곳에서 통화정책을 결정하는 일정을 정해놓고 회의를 열어 금리를 결정하는 것이다. 경제 상황을 보고 금리를 동결할지, 경기가 안 좋으니 금리를 인하할지, 아니면 반대로 인상할지 판단한다.

자, 이제 기준금리는 중앙은행이 결정한다는 것을 알았다. 그런데 중앙은행이 금리만 결정하는 게 아니다. 앞서 언급했듯 양적 완화, 즉 유동성을 공급한다. 금리와 유동성을 양쪽 팔이라고 생각하면 된다. 그리고 또 한 가지가 더 있다. 바로 지급준비율 조정이다.

지급준비율 조정은 유동성 공급과 매우 흡사하다. 은행은 저축을 받아서 대출을 해주는 사업이다. 그런데 저축액을 다 대출해주면 어떻게 될까? 은행 입장에서는 예대마진, 즉 예금 금리와 대출 금리 간의 차이만큼 돈을 많이 벌 것이다.

그렇지만 이렇게 되면 위험하다. 그렇기 때문에 '저축액을 이 정도는 유지하라'고 정해준 것이 지급준비율이다. 그래야 뱅크런(은행 파산)이 발생해도 버틸 수가 있기 때문이다.

지급준비율을 낮추면 은행은 돈을 더 많이 시중에 공급할 수 있다. 반대로 지급준율이 높으면 은행이 시중

경기부양책의 종류

경기부양책	세부정책
통화정책	기준금리
	양적완화
	지급준비율
재정정책	조세정책
	재정지출 정책

주요 기준금리 관련 용어

용어	개념
기준금리	중앙은행이 경제활동 상황을 판단하여 정책적으로 결정하는 금리
시장금리	다수의 거래당사자가 참가하는 시장에서 자금의 수급에 의해 결정되는 금리
Evan's Rule	실업률 6.5% 이하 및 인플레이션율 2.5% 이상이 달성되기 전에는 초저금리를 계속 유지해야 한다는 준칙
달러페그제	자국 화폐를 고정된 달러 가치에 묶어두고 정해진 환율로 교환을 약속한 환율제도(홍콩, 멕시코, 사우디 등)

에 공급을 덜할 수밖에 없다. 그러므로 지급준비율을 조정하면서 경기를 부양할 것인가, 아니면 금융 불균형 문제가 있으니까 지급 준비율의 안정성을 택할 것인가, 그것도 아니면 경기 부양을 택할 것인가 등을 선택하는 것이다. 이는 양적 완화와 결과적으로는 비슷하다.

이것이 중앙은행이 하는 정책이고, 그 외에 정부가 하는 경기 부양책이 있다. 먼저 조세정책은 국민에게서 세금을 얼마나 거둘까 결정하는 것이다. 그리고 세금을 거뒀다면 이것을 경기 부양을 위해서 효율적으로 써야 할 것 아닌가. 그게 바로 재정지출정책이다. 굳이 따지면 추경도 여기에 들어간다. 엄격히 말하면 재정정책의 수장인 대통령, 그리고 통화정책의 수장인 중앙은행 총재가 경기 부양책을 전혀 다른 방식으로 가동하는 것이다.

중앙은행의 궁극적 목표는 물가 안정

이 중에서도 가장 중요한 게 기준금리다. 기준금리란 중앙은행이 경제활동 상황, 즉 경기를 판단해가면서 정책적으로 결정하는 금리다. 그래서 기준금리는 '상승'이 아니라 '인상'이라고 한다. 주체가 의도해서 결정하는 것이므로 인상이다. 반면 물가는 '인상'이 아니라 '상승'이라고 한다. 누군가가 결정하는 게 아니라 시장에 의해 결정되는 것이기 때문이다.

어느 날 미용실에 갔더니 앞에 이렇게 쓰여 있었다.

'물가 인상으로 인해 가격을 상승했습니다.'

용어를 반대로 썼다는 걸 이제 알 수 있을 것이다. '물가 상승으로 인해 가격을 인상했습니다'라고 해야 맞는 것이다.

반대로 기준금리는 '인하'하고 물가는 '하락'한다고 표현한다. 이처럼 인상과 상승, 인하와 하락의 개념이 다르다는 것을 알아두자.

그럼 시장금리는 무엇인가? 시장금리는 결정되는 것이다. 중앙은행이 결정하는 기준금리는 하나의 베이스라인으로, 가장 낮은 금리다. 이 금리에 알파를 더하는 것이 바로 시장금리다.

물론 시장금리에는 저축금리도 있고 대출금리도 있는데, 당연히 대출금리가 저축금리보다 높다. 그 차이는 은행의 수익률, 즉 예대마진이다.

경기가 이미 살아났는데 여전히 제로 금리를 도입하면 은행 입장에서는 살아남을 수 있겠는가? 금리 레벨 자체가 낮으면 예대마진이 적다. 반대로 금리 레벨 자체가 높으면, 즉 기준금리가 높으면 예대마진 차이도 커질 수 있다. 그렇기 때문에 은행은 더 적극적으로 사업을 영위할 수 있게 된다.

경제가 뒷받침만 된다면 금융 불균형을 해소하기 위해 너무 낮은 금리도, 너무 높은 금리도 아닌 적정한 금리를 찾아가는 것이라고 볼 수 있다.

그런데 경기 판단뿐만 아니라 이 통화정책의 운용에 있어서 가장 기본이 되는 것은, 아니 어쩌면 더 중요한 것은 바로 물가 안정이다. 한국은행의 목표가 무엇일까? 기업의 목적은 이윤 극대화이고 학교의 목적은 교육을 통한 인재 극대화다. 그리고 한국은행의 목적은 물가 안정 기조를 만들고 나라가 건전하게 성장하도록 통화정책을 결정하는 것이다. 더 자세히 말하면, 한국은행의 목적은 물가 안정, 경기 안정 그리고 금융 안정을 도모하는 것이다.

한국은행은 국책은행이기 때문에, 다시 말하면 법에 의해 존재하는 기관이기 때문에 '한국은행법'에 이것이 명시되어 있다. 따라서 한국은행은 여러 가지를 다 판단하면서 기준금리를 결정하겠지만, 그중에서도 가장 중요한 목표 하나를 꼽으라고 하면 바로 물가 안정이다.

> 한국은행의 목적: 물가 안정 기조하에서 나라 경제가 건전하게 성장하도록 통화정책을 결정한다.

1강에서도 설명했듯이 물가가 너무 높으면 물가를 내려야 한다. 물가를 내리기 위해 금리를 인상하는 것이다. 반대로 물가가 너무 낮으면 물가를 올리기 위해서 금리를 내린다. 결국 적정한 물가를 향해서 금리를 인상이나 인하하면서 물가를 맞출 것이다. 결과적으로 금리는 '화살'이고 물가는 '과녁'이다. 다시 말해, 금리는 도구이고 물가는 목표치인 것이다.

그럼 몇 퍼센트의 물가가 가장 적정한 물가일까? 적정 물가를 정해놓고 거기에 맞추어가는 것을 '물가 안정 목표제'라고 한다. 물가 안정 목표제 하에 있는 우리나라는 2%의 물가를 안정적인 물가, 최적의 물가라고 판단하고 있다.

물론 적정 물가는 나라마다, 시기마다 다르다. 보통 신흥국들은 물가의 레벨 자체가 높다. 그리고 성장률과 금리의 레벨도 높다. 그러므로 자금에 여유가 있다면 신흥국에 투자하는 것도 괜찮다. 신

물가 안정 목표제

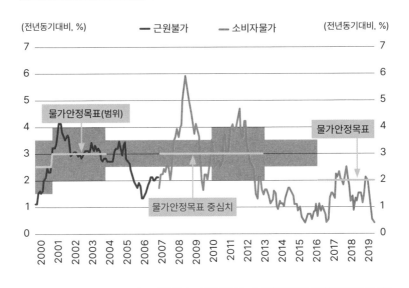

자료: 한국은행

홍국 은행의 금리가 높으니 저축해놓고 이자를 10%, 20%씩 받는 것도 가능하기 때문이다.

우리나라도 역사적으로 적정 물가를 3%에 둔 적이 있었다. 그러나 지금은 그때보다 2%의 물가를 안정적인 물가라고 받아들이고 있다. 우리뿐 아니라 선진국들은 대부분 2%의 물가를 목표 물가로 두고 있다. 신흥국들은 그것보다 훨씬 높은 3~4% 혹은 그 이상을 적정 물가로 두고 있다.

주요국의 물가 안정 목표

선진국		신흥시장국	
미국	2%	한국	2%
유로지역	2%	중국	3%
영국	2%	폴란드	2.5%±1%p
일본	2%	칠레	3%±1%p
캐나다	2%	러시아	4%
스웨덴	2%	남아공	3~6%
호주	2~3%	브라질	4.5%±1.5%p

주 1: 유로지역은 중기적으로 2% 미만이지만 이에 근접한 수준
주 2: 캐나다는 1~3%의 중간값

자산 가치에 거품이 발생하다

그런데 코로나19 이후 글로벌 통화정책에 변화가 있었다. 이토록 충격적인 경제 위기가 없었기 때문에 금리를 이토록 낮은 수준으로 떨어뜨리고 유동성을 이토록 공급한 적이 역사상 없었다. 재정정책도 마찬가지다. 재정도 참 많이 투입해서 긴급재난지원금을 지급하고 추경도 했다. 모두 유동성을 시중에 뿌린 정책이다.

코로나19 이후에 재정정책과 통화정책을 보면 선진국이든 개도국이든 유동성 공급을 엄청나게 했다. 그러면서 '자산 거품'이라는

단어가 등장했다. 자산 거품은 왜 왔는가? 이토록 적극적으로 금리를 내려본 적도 없었다는 말은 이토록 순식간에 돈의 가치가 떨어져 본 적도 없었다는 뜻이 된다.

금리뿐만 아니라 유동성 공급과 양적 완화도 마찬가지다. 세계 모든 나라가 이토록 열심히 적극적으로 유동성을 폭발적으로 공급한 적이 없었다는 말은 이토록 순식간에 돈의 가치가 떨어져본

코로나19 이후의 재정정책과 통화정책

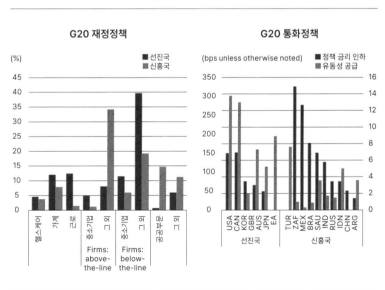

주요국 정책금리 추이

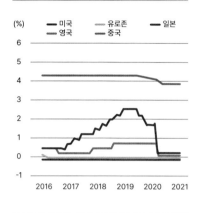

자료: RB, ECB, BOJ, BOE, PBoC, 현대경제연구원
주: 미국 정책금리는 상단 기준

주요국 통화량(M2) 증가율

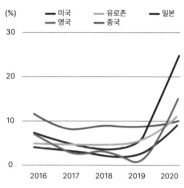

자료: RB, ECB, BOJ, BOE, PBoC, 현대경제연구원
주: 미국 정책금리는 상단 기준

적이 없었다는 뜻이 된다. 이는 다른 말로 이토록 순식간에 자산 가치가 폭등한 적도 없었다는 뜻이다.

우리나라의 집값은 코로나19 이후에 20% 정도 올랐다. 그런데 우리나라 집값만 오른 게 아니다. 우리나라의 집값 상승률은 OECD 회원국 중에서 평균에 미치지 못한다. 다시 말하면 우리나라 집값 상승률보다 더 높게 유지된 집값 상승률의 나라가 더 많다는 것이다. 뉴질랜드나 독일 등에 비하면 한국은 중간 수준에 불과하다.

뉴질랜드 같은 경우에는 2020년 이후 집값이 무려 45% 정도가

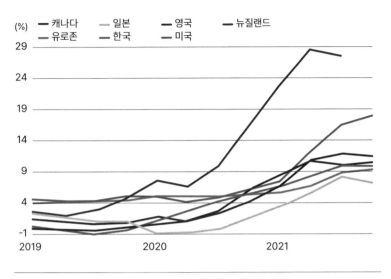

자료: OECD Stat 데이터를 활용해 계산
주: 분기별 주택가격지수(House Price Index)의 전년 동기 대비 상승률 계산

올랐다. 뉴질랜드 인구가 400만 명 정도인데 양은 3~4천만 마리로 사람 수의 10배 이상 더 많으니, 양 키우는 사람이 많다는 이야기가 된다. 그럼 양을 열심히 키워서 부자가 되었을까? 아니다. 뉴질랜드의 국민들은 양을 열심히 키웠는지 여부가 부를 결정한 것이 아니라 집을 보유했는지 여부가 부를 결정했다. 이런 현상을 바로 K자형 회복이라고 한다.

자산을 가진 자와 못 가진 자, K자형 회복

우리나라 가구 수가 대략 2천만 가구인데, 그중에 절반이 조금 안 되는 비중이 임차 가구다. 그리고 절반 조금 넘는 비중은 자가 점유 가구다. 그러면 월급쟁이 세입자라고 가정했을 때, 코로나19 이후에 얼마나 큰 변화가 있었을까? 그 변화의 회오리 속에서 잘 버텨내기 위해서 우리 직장인들은 정말 열심히 일했다. 그렇게 2년

K자형 회복

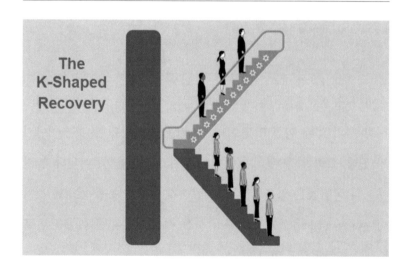

자료: 김광석(2021.10), 『위드 코로나 2022년 경제전망』, 지식노마드

여의 시간이 지나서 통장 잔고를 열어봤더니, 그래도 열심히 일한 덕에 5천만 원이 쌓여 있었다고 해보자.

그런데 우리나라의 집값이 그동안 20% 올랐다. 서울 강남구의 아파트가 보통 20억 정도라고 해보자. 그 20억짜리 집이 20% 올랐으면 4억 원이 올랐다는 뜻이다. 그러면 앞의 직장인은 5천만 원만큼 부자가 됐다고 느낄까? 아니면 강남에 집을 가진 사람에 비해 3억 5천만 원만큼 가난해졌다고 느낄까? 아마 가난해졌다고 느낄 것이다. 많은 사람이 상대적 박탈감을 느끼는 시대. 이 역시 K 자형 회복의 결과다.

결국 우리가 열심히 살았는지 여부가 나의 부를 결정한 것이 아니라 자산을 보유했는지, 집을 보유했는지 여부, 특히 어떤 집을 보유했고 어떤 자산을 보유했는지 여부가 나의 부를 결정했다.

월급쟁이 세입자지만 정말 열심히 살았는데, 안타깝게도 계단을 내려왔을 뿐이다. 집이 있는데 뒷짐 지고 있었던 사람들은 오히려 에스컬레이터를 타고 올라갔다. 실제 소득의 증가 속도가 자산 가치의 증가 속도보다 느리기 때문에 막연히 열심히 성실히 일하는 것만으로는 부자가 될 수 없으며, 자산에 올라타야 한다고 느끼는 사람이 많다.

이는 전 세계에서 공통적으로 벌어지는 현상이다. 자산을 가진

자산 및 소득증가율 추이와 전망

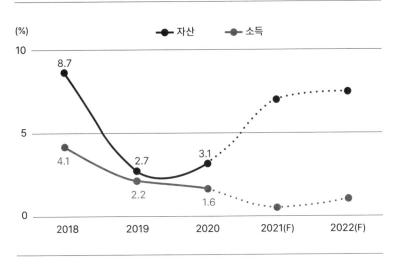

자료: 통계청, 가계금융복지조사
주: 소득은 전년도 경상소득 기준

자와 가지지 못한 자 사이의 격차가 벌어지는 현상. 모두 열심히 일했는데 집을 가진 자는 돈을 벌고, 세입자는 돈을 못 번 것처럼, 심지어 잃은 것처럼 느껴지는 것이다.

이런 양극화를 어떻게 해소할 수 있을까? 경제학적으로 소득은 크게 4가지로 나눌 수 있다. 근로소득, 사업소득, 재산소득, 이전소득이 그것이다. 주식투자, 이자 등은 근로소득이다. 부모님이 준 용돈은 사적 이전소득이고, 재난지원금과 같이 정부가 준 돈은 공적 이전소득이라고 한다. 기초노령연금이나 최저생계비도 공적 이전

PART 2 돈의 대이동(Money-Movement)

소득이다. 이 중에서 결국 이전소득을 늘려야 양극화가 해소된다. 양극화를 줄이기 위해서는 최약계층을 보전해줘야 하기 때문이다. 이들을 지원할 뿐 아니라 자립할 수 있게 해줘야 한다. 예를 들어, 고령자를 위한 노인 일자리를 확충하고 공공근로사업을 확대해야 한다.

또 다른 의미의 양극화로 디지털 격차가 있다. 디지털 대전환이 가속화되면서 디지털 소외계층이 등장했다. 이런 면의 양극화를 해소하기 위해 정부는 디지털 역량 강화 사업을 벌인다. 이것은 한국판 뉴딜 2.0에도 해당한다. 디지털 뉴딜을 하려면 인재가 필요하므로 그런 인재를 양성하기 위한 사업도 많이 진행되고 있다.

이처럼 양극화를 해소하는 것이 많은 정부의 중요한 과제가 되었다.

재테크를 잘하려면 변화를 예의주시하라

경제가 회귀점에 도달하면서 자산 거품이 꺼질 것을 우려하는 시각 역시 커지고 있는 게 사실이다. 풍선을 예로 들어보자. 풍선에 바람을 불어넣으면 적정 수준까지는 커진다. 그러다 한계를 넘어서면 터지게 된다. 현재의 자산 가치 상승은 실물경제와 무관하다. 풍선으로 치면 바람(실물경제)도 없이 풍선(부동산)이 커지다 보니 부작용을 우려하는 게 당연하다.

재테크란 내 소득의 일부를 자산으로 바꾸는 것이다. 소득을 주식과 바꾸거나 집과 바꾸거나 금으로 바꾸는 것이다. 혹은 원유나 원자재에 투자하는 것이다.

그럼 어떻게 해야 재테크를 잘하는 걸까? 앞으로 이 자산 가치가 어떻게 오를 것인지를 들여다보는 것, 그리고 이 자산 중에 어떤 자산의 가치가 더 높게 형성될 것인지를 전망해보는 것, 결국 금리의 향방을 읽고 향후 어떤 자산 가치가 더 높게 형성될지를 판단해나가는 것이다. 그런 관점에서 기준금리 인상 속도나 통화정책 등 경제 상황 변화를 예의주시하고, 그 변화에 투자해야 한다.

결국 우리는 거스를 수 없는 거대한 변화 앞에 놓여 있다. 디지털 대전환, 에너지 대전환과 같은 대전환의 경제에 맞닥뜨린 것이다. 거스를 수 없는 거대한 패러다임의 변화가 뭔지, 또 앞으로의 트렌드가 뭘지 들여다봐야 한다. 또한 새로운 패러다임에 편승한 유망한 산업은 무엇이고, 그 유망한 산업을 이끄는 대장 기업은 무엇일까 예측해야 한다. 그런 대장 기업에 투자하는 것이 바로 주식투자다.

샀다 팔았다 하는 것은 투자가 아니다. 매일 여러 가지 증권 정보를 접하다 보면 불안해진다. 그래서 하루 종일 차트를 보고 있는 사람은 주식을 샀다 팔았다 한다. 그렇지만 그렇게 해서는 절대 부자가 될 수 없다.

주식 투자는 그렇게 하는 게 아니다. 장기 투자하는 것이고, 장기 투자하려면 앞으로 어떤 변화가 있을지를 들여다봐야 한다. 그게 경제 전망이다. 경제를 전망하지 않고 어떻게 재테크를 한단 말인가.

그렇다면, 도대체 어떤 경제가 내 앞에 전개될지, 말 그대로 완화에서 긴축으로의 통화정책 전환은 어떤 식으로 일어나고 어떤 변화가 있을지, 3부에서 알아보도록 하겠다.

PART 3 ────────

긴축의 시대,
기준금리 빅스텝 인상

CHAPTER 8

미국 연방준비은행의
통화정책 정상화 가속화

긴축적 통화정책으로
방향을 틀면서 미국 연방준비제도는
자이언트 스텝을 시행했다.
치솟는 물가를 잡기 위해
가파른 금리 상승은 불가피해 보인다.

테이퍼링, 양적완화에서 양적긴축으로

2부에서는 통화정책의 기조적 변화가 있고 달라진 여건에 달라진 대응이 필요하다고 했다. 어제와 오늘은 다른 것이고, 누구와 함께 있느냐에 따라서도 다른 것이다. 마찬가지로 2020년의 경제 여건과 지금의 경제 여건은 완전히 다르기 때문에 달라진 여건에는 달라진 대응이 필요하다. 2020년에 무언가에 투자해서 성공했다고 해도, 그때 투자했던 방식과 습관을 고스란히 가지고 2022년에 똑같이 투자했다가는 실패할 것이다. 달라진 여건에는 달라진 투자도 필요한 것이다. 통화정책 기조도 이를 암시하고 있다.

주요국 중앙은행의 통화정책을 유심히 볼 필요가 있다. 가뭄일 때는 수도꼭지를 최대로 틀어야 하지만, 가뭄이 끝나면 꼭지를 조금씩 닫아야 한다. 코로나 팬데믹 당시 전 세계 중앙은행이 돈을 푸는 양적완화를 단행했다. 지금은 이 돈을 조금씩 거둬들여야 한다.

만일 부모가 자녀한테 용돈을 주다가 갑자기 용돈을 안 준다고 해보자. 중학교 2학년인 아이가 일주일 용돈을 10만 원씩 받다가 갑자기 용돈을 하나도 못 받게 된다면? 가만히 있을 아이는 거의 없을 것이다. 대부분의 아이는 크게 반발할 것이다.

경제학에서는 그런 현상을 '긴축발작'이라고 한다. 이제 여건이 달라졌으니 통화정책을 전환할 수는 있다. 금리를 인상하고, 공급했던 유동성을 다시 거둬들인다. 그런데 이 전환을 너무 급작스럽게 진행하면 발작이 일어난다는 것이다. 그러므로 통화정책을 전환할 때는 천천히 바꿔야 한다. 이것을 '베이비 스텝 룰(baby step rule)'이라고 한다.

수능 시험 3일 남겨놓은 시점에 코피 터지게 공부하는가, 아니면 컨디션을 조절하는가? 어느 쪽이 더 현명한 방법인가? 공부를 잘하는 학생들은 보통 시험을 코앞에 남겨두고 공부량을 줄이며 컨디션을 조절한다. 마찬가지로 운동선수들도 중요한 운동 경기를 앞에 두고 운동량을 서서히 줄여간다. 도로가 만나는 지점에는 변속 차로가 마련되어 있고, 고속으로 달리던 자동차는 완만하게 감속한다.

이처럼 새로운 국면에 진입할 때 점진적으로 행동을 전환하는 것을 '테이퍼링(tapering)'이라고 한다. 이 말의 원래 뜻은 '폭이 점점 좁아지다, 가늘어지다'로, 스포츠학 용어였다. 그러다 2013년 미국 연방준비제도 버냉키 의장이 "향후 몇 번의 회의에서 자산 매입을 축소할 수 있다(The Fed might taper in the next few meetings)"라고 발언한 이후 테이퍼링은 '양적완화 조치의 점진적 축소'를 뜻하는 경제학 용어로 사용되고 있다. 다시 말해, 통화정책에서도 유동성 공급량을 줄여나가되 천천히 줄여나가는 것을 테이퍼링한다고 표현한다.

미 연방준비제도 의장이 "곧 테이퍼링을 할 것이다"라고 말하는 것이 뉴스가 되곤 한다. 투자에 관심이 있는 사람이라면 한번쯤 들어봤을 것이다. 그런데 왜 조만간 할 것 같다고 예고하는 걸까? 이것을 '선제적 지침'이라고 하는데, 말 그대로 미리 알려주는 것이다. 갑자기 용돈이 0원이 되는 것보다 "아마 한 몇 달 있으면 너 용돈 안 받을 수도 있어, 알고 있어"라고 하면 발작을 방지할 수 있기 때문이다. 다시 말해, 시장에 요동이 없도록 하기 위해 선제적 지침도 주고 변화의 기조도 천천히 전환한다. 조금씩 조금씩 전환하는 것, 그게 바로 테이퍼링이다.

테이퍼링에 관해 좀 더 풀어서 설명해보겠다. 지금의 상황을 예로 들면, 2020년에 코로나19 충격 때문에 금리도 제로 금리를 도입했고 1,200억 달러나 유동성을 공급했지만 이제부터 유동성 공급량을 줄여나가서 유동성 공급을 0으로 만들고, 동시에 기준금리 인상도 시작해야겠다고 전환하는 것이다. 그동안의 정책을 단번에 멈추면 시장에 엄청난 혼선이 오므로 자산 매입 규모를 서서히 줄여나가는 테이퍼링을 시작하는 것이다.

테이퍼링은 왼팔이고 기준금리는 오른팔이다. 두 팔로 경기라는 테이블을 맞들고 있는 것과 같다. 경기가 떨어지지 않도록 양팔이 테이블을 맞들고 있었는데, 테이블이 혼자 설 수 있을 것 같으니까 테이퍼링을 하면서 서서히 힘을 빼는 것이다. 아직은 부축이 필요하지만 기준금리도 이제 서서히 팔을 뺄 것이다. 다시 말해 기준금리가 인상될 것이다.

기준금리 인상을 판단하는 조건

기준금리의 인상 조건은 이미 마련되었다고 볼 수 있다. 이를

'에반스 룰(Evan's rule)'이라고 한다. 다시 말하면, 결국 중앙은행인 연방준비제도는 연방공개시장위원회(FOMC, Federal Open Market Committee)를 열 것이고, 여러 가지 지표를 보면서 의논할 것이다. 금리를 인상하는 게 맞는지, 동결하는 게 맞는지, 인상한다면 얼마나 인상하는 게 좋을지, 이런 의견을 주고받을 것이다. 이때 가장 주되게 고려하는 변수 세 개만 꼽으라고 하면 우선 물가상승률을 보고, 두 번째로 경제성장률을 볼 것이다. 그리고 세 번째로 정말 경제가 회복됐는지 판단하기 위해 실업률 지표를 볼 것이다.

고용이라는 영역은 경기 후행적 변수다. 이게 무슨 뜻인가 하면, 먼저 찾아오지 않고 나중에 찾아온다는 말이다. 예를 들어 경제 충격이 발생하면 기업들이 그날 바로 직원들을 해고할까? 법적으로도 그렇게 하지는 못한다. 반대로 경기가 다시 살아났다고 해보자. 기업들이 그다음 날 바로 직원들을 채용할 수 있겠는가. 경기가 단시간 내에 회복됐다가 다시 나빠질지도 모르니 지켜보자고 할 수도 있다. 설사 당장 채용한다고 하더라도 채용 공고 올리고 면접 보는 등의 과정에 시간이 걸린다. 따라서 경기가 회복되는 것과 실업률이 다시 제자리로 돌아오는 것 사이에는 상당한 시간차가 있다.

미국의 통화정책 여건을 판단해보면 흥미롭다. 2008년 글로벌

미국의 통화정책 판단 여건

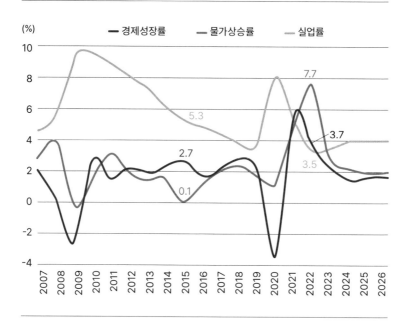

자료: IMF

금융위기 때 금리를 인하했었고, 실업률이 증가했었다. 실업률이
상승했다가 2015년 12월부터 금리를 인상하기 시작했는데, 그때
실업률이 5.3%였다. 코로나19 때도 역시 실업률이 급등했었다가
다시 떨어져서 2020년 실업률은 3.5%다.

실업률의 측면에서 글로벌 금융위기로 금리를 인상하기로 했던
그 시점에 비하면 실업률이라는 지표는 이미 제자리로 돌아왔다.

코로나19가 끝났다는 뜻이다. 경제성장률도 3.5% 성장률이면 상당한 수준이다. 미국 경제에서 이처럼 호황인 적이 없었을 정도로 굉장한 호황이다.

이제 경제성장률을 보자. 2022년에 경제성장률이 3.7% 성장한 것을 볼 수 있다. 그리고 2015년 기준금리를 첫 번째 인상했던 시점에는 경제성장률이 2.7%밖에 안 되었다. 심지어 2015년에 물가상승률은 0.1%로 저물가였다. 그런데도 금리를 인상했었다. 그런데 지금 물가는 월간 물가상승률 기준으로 41년 만에 최고치를 기

2022년 물가상승률 전망치

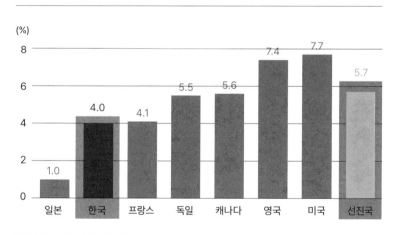

자료: IMF(2022.4.) World Economic Outlook

록했다. 근래 들어서도 이토록 높은 물가가 없었다. 그러니 금리 인상은 당연한 수순으로 보인다.

이처럼 금리 인상의 조건 세 가지를 기준으로 보면 기준금리 인상 여건은 마련되었다는 사실을 알 수 있다. 그러니까 금융통화위원회에서 금리를 인상하는 것이다.

경제를 이해하는 사람이라면 금융통화위원회에서 금리를 인상할지, 안 할지 판단해볼 수 있을 것이다. FOMC 위원들, 금융통화위원회 위원들 혹은 한국은행 총재의 마음을 읽어서 맞추는 게 아니다. 그들도 이런 식으로 이런 잣대를 놓고 판단할 것이기 때문에 똑같은 잣대를 놓고 그들의 생각을 한번 이해해보는 것이다.

FOMC는 미국 경제에 '실질적인 추가 진전(substantial further progress)'이 보일 것을 기준금리 인상의 기준으로 삼았다. 현재로서는 테이퍼링이 종료되는 2022년 하반기에 기준금리 인상을 단행할 것으로 전망된다.

긴축적 통화정책으로의 전환

기준금리 인상 조건은 이미 마련됐으므로 이제 완화적 통화정책이 필요 없어졌다. 대신 긴축적 통화정책이 필요한 것이다. 더군다나 인플레이션 압력이 굉장히 높다. IMF의 물가상승률 전망치를 보면 미국의 경우 7.7%로 매우 높다. 영국의 7.4% 또한 굉장히 높은 전망치다. 영국, 미국 혹은 유로존을 중심으로 물가 상승세가 굉장히 높다는 것을 알 수 있다.

상대적으로 우리나라는 물가상승률 전망치가 낮은 편이다. 우리나라는 상대적으로 물가 상승 압력이 덜하다는 것인데, 이것을 눈여겨볼 필요가 있다. 이처럼 물가 상승 압력이 다르다는 것이 굉장히 중요한 변수다. 세계 경제가 불균형하게 회복됐듯이 물가 상승 압력도 불균형하게 이루어지고 있는 것이기 때문이다.

이처럼 물가상승률 전망치는 선진국 내에서도 다르지만, 선진국과 신흥국으로 구분하면 더더욱 다르다. 다음 그래프는 IMF 경제 전망 보고서에 나왔던 물가상승률 전망치인데, 점선은 2022년 1월 IMF의 전망치다. 바로 러시아-우크라이나 전쟁 이전의 전망치다. 전쟁 전까지만 해도 점선처럼 물가상승률이 선진국은 2021년 3.1%에서 2022년 3.9%로 소폭 상승했다가 2.1%로 다시 하향 안정화될 것이라고 봤다. 결국은 물가상승률은 일시적인 일이 될 것이라고 판단했었다.

신흥국도 2021년에 물가상승률이 5.9% 상승했으니까 2022년에

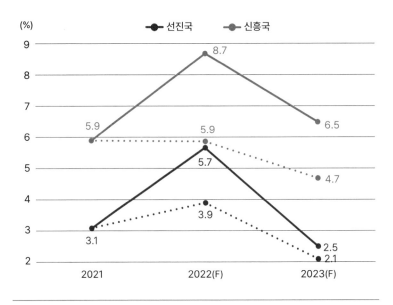

자료: IMF(2022.4.) World Economic Outlook
주: 점선은 2022년 1월 기준, 실선은 2022년 4월 기준의 IMF 전망을 의미

는 그 수준이 유지될 것이고 2023년에는 떨어질 것이라고 전망했었다. 그런데 전쟁 이후의 물가 상승 압력은 보다시피 굉장히 높다. 선진국도 3.9%에서 5.7%로 급격히 조정을 했는데, 신흥국의 조정치는 어마어마하다.

그런데 이것만 보고 선진국의 물가 상승 압력이 더 높다고 판단하면 안 된다. 왜냐하면 이 신흥국 안에는 러시아가 들어가 있고,

우크라이나도 들어가 있기 때문이다. 또 러시아와 우크라이나에 더 노출되어 있는(exposure), 다시 말하면 두 나라에서 에너지를 수입하는 의존도가 높은 나라들이 대부분 신흥국이다. 그렇기 때문에 신흥국들에 물가 상승 압력이 더 크게 작용하는 것이다.

더 중요한 것은, 같은 5.7%도 선진국 경제의 5.7%와 신흥국 경제의 5.7%는 다르다는 사실이다. 선진국에서 5.7%는 정말 있을 수 없을 만큼 높은 물가인 것이고, 신흥국에서 5.7%는 그냥 적정한 수준인 것이다. 신흥국은 성장률도 높고 물가도 높고 금리도 높고 다 높기 때문이다. 반면 선진국들은 성장세가 낮으므로 물가상승률도 낮고 금리도 낮은 것이 당연하다.

기준금리 인상, 이례적 빅스텝 행진

미 연방준비제도 의장인 제롬 파월이 2022년 5월에 빅스텝(big step)을 강력하게 시사했다. 인플레이션이 지나치게 높으므로 반드시 물가를 잡겠다고 선언하며, 5월에 기준금리를 크게 올리겠다고 예고한 것이다. 원래 통화정책의 기조적 변화는 점진적으로, 베이비 스텝(baby step)으로 전환을 해야 하지만, 너무나 높은 물가에 대

미국 소비자물가(CPI) 상승률 추이

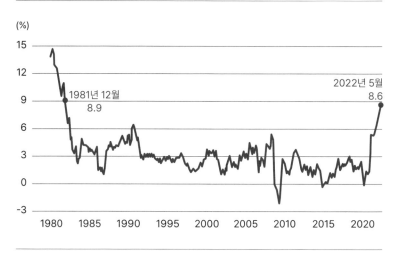

(%)

1981년 12월
8.9

2022년 5월
8.6

자료: FRED

응하기 위해서는 기준금리를 0.75%나 인상해야 할 수도 있다고 강조했다.

실제로 미국 물가가 너무 높기 때문에 높은 물가 속에서 물가 상승 압력을 잡기 위해서는 그 어떤 때보다도 강도 높게 금리를 인상해야 한다는 판단을 제롬 파월이 하고 있는 것이라고 이해할 수 있다.

더군다나 앞서 설명했듯 기대인플레이션이 중요하다. 미국 소비자물가가 상승하면, 물가 상승은 또 다른 물가 상승을 만든다. 그리고 물가 하락은 또 다른 물가 하락을 만든다.

물가 하락부터 한번 설명해보겠다. 다음 달에 스마트폰을 사려고 했는데 가격이 떨어질 것 같다. 그럼 지금 살 것인가, 다음 달에 살 것인가? 당연히 다음 달에 살 것이다. 그런데 다음 달이 되자 가격이 또 떨어질 것 같다고 해보자. 그럼 지금 살까, 또 다음 달에 살까? 기다리지 못하고 지금 사는 사람도 있겠지만 그래도 전반적인 사람들의 마음은 가격이 떨어지는 것을 지켜보고 사고자 할 것

미시건대 기대인플레이션 및 5y5y forward BEI

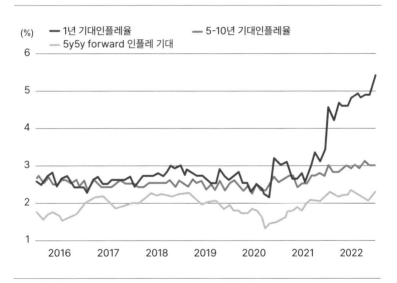

자료: Bloomberg, Fred, 국제금융센터

이다.

이렇게 수요가 줄어들면 자연스럽게 가격은 더 떨어질 것이다. 이것이 바로 '가격 하락은 또 다른 가격 하락을 만든다'는 것이다. 다시 말해 디플레이션이 오는 것이다. 인플레이션에 대한 기대, 그러니까 앞으로 물가가 하락할 거라는 기대가 또 다른 가격 하락을 만든다는 뜻이다. 그렇기 때문에 기대인플레이션이 중요하다는 것을 2부에서 설명했다.

그런데 미국은 지금 기대인플레이션마저 엄청나게 높다. 미국 소비자물가가 40년 만에 인플레이션이지만, 그런 인플레이션을 만난 만큼 많은 경제 주체가 물가 상승세는 앞으로 계속 이어질 것이라고 생각한다. 앞으로 계속 가격이 상승할 거라고 생각하기 때문에 소비를 지금 하려고 한다.

얼마 전에 소주 가격이 오른다고 하니까 사재기하는 사람들이 있었다. 이런 현상을 '패닉 바잉(panic buying)'이라고 한다. 앞으로 가격이 오른다니까 지금 수요가 더 늘어나는 것이다. 이런 현상은 일반 가정에서만 일어나는 게 아니다. 제조 기업이라면 여러 원자재나 부품을 조달받아야 하는데 가격이 오를 것이라고 생각하면 미리 사둘 것이다.

이처럼 기대인플레이션이 작용하고, 이것은 전반에 걸친 가격

상승을 계속 만들 수 있다. 이런 관점에서 이 인플레이션 현상은
상당 기간 유지될 것이라고 판단할 수 있다.

CHAPTER 9

세계 주요국들의
통화정책 정상화

초인플레이션 현상 속에
미국뿐 아니라 주요 선진국들이
기준금리 인상을 강도 높게 하려는
움직임을 보인다.
경기 회복과 물가 안정의
줄타기를 하는 모습이다.

고물가 기조의 장기화

2022년 3월 FOMC에서 제시한 경제지표 전망치에 따르면 GDP 증가율은 2.8%였다. 2021년 12월에 진행한 FOMC에서는 4.0%라고 발표했는데 2.8%로 −1.2% 포인트 하향 조정한 것이다. 생각했던 것보다 경기 하방 압력이 높다는 것을 알 수 있다. 그 원인은 이제 알 것이다. 러시아-우크라이나 전쟁의 충격 때문이다.

그런데 다음 표에서 보듯 3월 PCE 물가상승률은 4.3%였다. 2021년 12월까지만 해도 2.6% 상승할 거라고 봤으니 1.7% 포인트나 상향 조정한 것이다. 굉장히 높은 물가. 심지어 2023년에 2.3%, 2024년에 2.1%를 기록할 것이라고 전망했는데 이것마저 상회했다. 미국의 목표 물가가 2%인데 그 2%마저 상회하는 물가상 승률이 유지된다고 하니, 이것은 고물가 기조가 생각보다 장기화 될 것이라는 걸 암시한다. 초인플레이션의 시대라는 뜻이다.

이처럼 경제는 충격을 받았지만, 미국 경제가 2.8% 성장한다는 건 굉장히 높은 성장률이다. 우리나라도 2.8%면 괜찮은 성장률이 다. 유로존의 경우 코로나19 이전까지만 해도 계속 성장률이 0%대 였고 1%가 안 됐다. 일본도 1%가 될까 말까였다. 그러므로 미국과 같은 큰 경제가 2.8%나 상승한다는 것은 굉장히 높은 고무적인 성 장세라고 볼 수 있겠다.

3월 FOMC 경제지표 전망

(%)

경제지표		2022년	2023년	2024년	장기
GDP	3월	2.8(-1.2)	2.2(0)	2.0(0)	1.8(0)
	12월	4.0	2.2	2.0	1.8
실업률	3월	3.5(0)	3.5(0)	3.6(0.1)	4.0(0)
	12월	3.5	3.5	3.5	4.0
PCE물가	3월	4.3(1.7)	2.7(0.4)	2.3(0.2)	2.0(0)
	12월	2.6	2.3	2.1	2.0
근원PCE	3월	4.1(1.4)	2.6(0.3)	2.3(0.2)	-
	12월	2.7	2.3	2.1	-

자료: Fed, 국제금융센터

3월 FOMC 점도표(2022년 7회/2023년 3.5회)

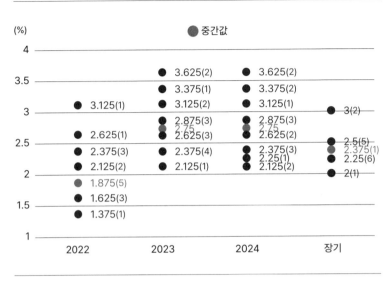

자료: Fed, 국제금융센터

　　그런데 위의 3월 FOMC 점도표를 보자. FOMC 회의에 참석하는 통화정책 의사 결정자들은 다수결로 결정을 한다. 여러 사람이 어느 정도까지 금리를 인상할지 예측을 하는 것이다. 2022년 이 예측치의 중간값은 1.87%다. 2023년까지는 2.75%이므로 2023년까지는 기준금리를 인상해나가겠다는 전망이 가능하다. 금리를 통해 상승한 물가를 잡기 위해서 그런 움직임이 이어질 것이기 때문이다.

미국 정책금리 전망치 비교

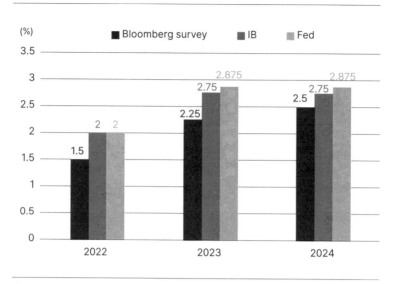

자료: Bloomberg 서베이(3/7~10일), IB, Fed, 국제금융센터

　국제투자은행들의 미국 기준금리 인상 전망을 봐도 2023년까지는 대략 2.75%, 블룸버그 서베이 결과로는 2.875%까지 보고 있다. 그리고 연방준비제도도 2.875%까지 인상할 계획이다. 상대적으로 연방준비제도는 선제적 지침을 마련해야 하므로 먼저 기준금리를 이렇게까지 인상할 수 있다는 것을 발표해야 한다. 그렇기 때문에 조금 더 높은 금리를 제시할 수도 있다.

경기 회복과 물가 안정의 줄다리기

그런데 실제로는 금리를 그렇게까지 인상하지 않을 수도 있다고 보는 입장도 많다. 왜 그럴까? 지금의 미국 경제는 성장세가 뒷받침되니까 물가만 잡으면 되기 때문에 금리를 많이 올려도 되지만, 예상처럼 그렇게 안 돼서 미국 경제가 침체 경로로 갈 수도 있다. 그러면 물가를 마음 놓고 올릴 수 없다. 물가를 잡는 것도 중요하지만, 경제가 견고하게 성장하는 뒷받침이 되어야만 금리를 인상할 수 있는 것이다. 다시 말해, 물가 상승세가 너무 높다는 이유로 물가 잡겠다고 금리를 올려버리면 애써 만들어놓은 경기 회복세가 다시 꺾일 수 있다.

이처럼 조금 보수적인 관점에서 우려하는 목소리가 있지만, 상대적으로 연방준비제도는 금리를 더 올리겠다는 입장이다. 물론 FOMC 회의가 1년에 8번 있고, 회의 때마다 그때의 경기 판단 그때의 물가 판단에 기초해서 기준금리를 결정하기 때문에 지금의 전망대로 이루어질 것이라고 보기는 어렵다. 중요한 것은 방향이다. 정확한 수치까지 예측할 필요는 없다. 다만 금리 인상 추이는 계속되겠다는 방향성을 파악하고 있어야 한다. 그 방향에서 어떠한 변화들이 내 앞에 전개될까 하는 것을 살펴보면 도움이 될 것

B/S 축소 규모 전망

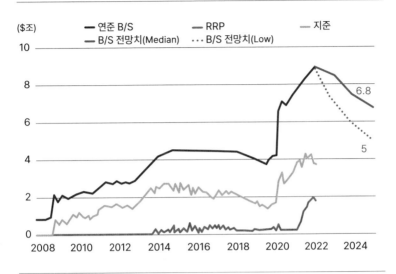

자료: Bloomberg 서베이(3/7~10일), 국제금융센터
주: 5~6월 FOMC 발표, 6~7월 시행 전망

이다.

　앞서 설명했던 것을 다시 한번 떠올려보자. 유동성을 1,200억 달러씩 공급하다가 서서히 다시 줄이는 것을 테이퍼링이라고 했다. 여기에다 또 한 가지, 기준금리를 제로 금리로 떨어뜨렸다가 다시 정상화하는 통화정책이 맞물린다. 그 유동성을 아예 긴축시키자는 움직임을 '양적긴축'이라고 한다. 이를 대차대조표에 빗대어보자. 내가 돈을 빌려서 어떤 물건을 샀었다고 하면 이제는 물건도

팔고 돈을 빌려주는 입장이다. 시중의 유동성을 오히려 코로나19 이전 수준보다 더 흡수해나가겠다는 것이다.

결국 테이퍼링을 통해서 유동성 공급을 줄여나갔다가 오히려 기존보다 더 줄여나가는 양적 긴축을 이미 발표했다. 거기에 나아가서 기준금리 인상도 빅스텝으로 진행해나가는 만큼 긴축의 시계 자체가 더 빨리 돌고 있는 모습이다.

더군다나 글로벌 초인플레이션 현상 때문에 더욱 빅스텝 행보가 필요하게 되었다. 가장 많이 인플레이션 압력을 받는 나라가 미국이다. 예를 들어 2020년 물가상승률은 1%였는데 2021년 12월 물가상승률은 7%였다. 그럼 그 차이값이 6% 포인트인데, 이 차이값이 물가 상승 압력이 얼마나 변화하는지를 보여주는 것이다. 미국을 중심으로 물가 상승 압력, 초인플레이션 현상이 더 격화되고 가중되기 때문에 더욱이 긴축이 시급해진 것이다.

기준금리 인상이 가속화된다

물가가 오르면 고소득자가 힘들까, 저소득층이 힘들까? 고소득층은 전체 소득 규모에서 특정 비중을 물건 사는 데 쓴다. 쉽게 말하면, 소비 지출액이 소득에서 차지하는 비중이 상대적으로 낮다. 소비지출액 중에 식료품 소비지출액을 '엥겔지수'라고 한다. 이를 테면, 전체 소비지출액이 100만 원이면, 그 소비지출액 중에서 식료품 소비지출액이 20%을 차지한다면 엥겔지수는 20%다.

고소득층은 20%지만 저소득층은 30%, 40%에 달한다. 다시 말하면 저소득층은 전체 소비지출액 중에서 절대적인 비중이 식료품을 소비하는 것이다. 반대로 고소득층일수록 식료품보다 여가, 스포츠, 오락, 여행, 골프 등의 지출이 많다.

쉽게 예를 들면 이렇다. 고소득층은 1,000만 원씩 매월 쓰는데 그중에 식료품 소비지출액이 200만 원인 것이고, 저소득층은 한 달 소비지출액이 100만 원인데 100만 원 중에 30만 원을 식료품 사는 데 쓰는 것이다. 물론 더 좋은 식료품 소비지출액은 고소득층이 많겠지만 상대적인 압력은 다르다. 이렇다 보니 엥겔지수가 높아지면 서민들은 불만을 가질 수밖에 없다.

앞서 미국의 2022년 5월 물가상승률이 8.6%이라고 했는데, 이것은 우리나라 기준으로 보면 460여 가지 품목의 가중평균이 8.6%이라는 것이다. 그런데 가격이 안 오른 품목도 많지 않은가. 그러니까 평균적으로 8.6%가 올랐다는 것은, 가격이 오른 물건은 엄청나게 올랐다는 뜻이다. 특히 서민 생활에 직접적인 충격을 주는 밀, 원유 등의 가격이 오르므로 서민들의 불만이 빗발치게 된다. 국민의 80%가 서민이라고 본다면, 이는 바이든 미국 대통령의 지지율을 떨어뜨리는 결과를 낳는다. 그러므로 바이든은 지지율을 끌어올리기 위해서라도 물가를 잡는 액션을 취할 수밖에 없다.

초인플레이션 현상 속에 주요 선진국들은 인플레이션 압력이 너무 높기 때문에 기준금리 인상을 강도 높게 하려는 움직임을 보인다. 선진국의 기준금리 인상 추이를 보자. 2021년 10월까지만 해

주요 선진국들의 인플레이션 압력

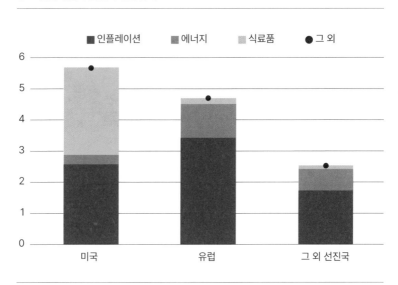

자료: IMF(2022.4.) World Economic Outlook.

도 점선처럼 기준금리를 인상할 거라고 생각했었다. 그런데 러시아-우크라이나 전쟁 이후 기준금리 인상 폭을 빅스텝으로 올리면서 기준금리 스탠스(stance, 태도)의 전환이 일어났다. 천천히 올릴 계획이었는데, 전쟁 이후에는 급격히 올리는 행보가 예상된다. 미국뿐만 아니라 영국과 유로존도 마찬가지다.

그뿐만 아니라 신흥국들도 역시 너무 높은 물가 상승세에 허덕이고 있기 때문에 그걸 잡기 위해서 금리를 인상하게 된다. 또 러시아 같은 경우는 특별히 루블화 가치가 너무 떨어지므로 루블화

주요국들의 기준금리 전망

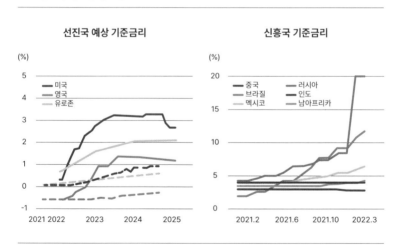

자료: IMF(2022.4.) World Economic Outlook

주요 지역별 소비자물가상승률 변화

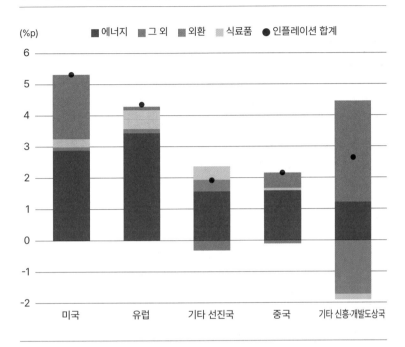

자료: IMF(2022.1.) World Economic Outlook update
주: IMF Staff가 각 지역의 소비자물가상승률을 2020년 12월과 2021년 12월의 차이값 계산

의 가치를 올려놓기 위해서 금리를 인상했다. 실제로 루블화 가치가 급격히 떨어졌다가 전쟁 이전 수준으로 돌아왔다. 초인플레이션 현상이 선진국들의 기준금리 빅스텝 행보를 만든다. 긴축의 시대로의 전환이다. 긴축의 시대, 빅스텝, 금리 인상기, 초인플레이션… 이 모든 말이 결국 다 같은 뜻이다.

CHAPTER 10

한국의 금리 인상

우리나라는 스태그플레이션의
위협 앞에 있기 때문에
미국과 똑같은 수준으로
금리 인상을 하기는 어렵다.
그러나 미국이 자이언트 스텝을 단행했기에
앞으로 한국은행의 결정을
주시할 필요가 있다.

우리나라의 물가상승률

많은 사람이 가장 궁금해하는 것은 한국의 기준금리 인상일 것이다. 그런데 누차 말했듯 물가 상승 압력이라는 것은 미국과 유럽에 더 집중됐었고 신흥국에서는 그 압력이 덜했다. 그리고 우리나라는 4%대 물가이기 때문에 더욱이 물가 상승 압력으로부터 상대적으로 자유롭다.

실제 우리나라의 물가상승률 추이를 한번 보자. 2022년 3월 물가상승률이 4.1%를 기록했다. 근래 들어 가장 높다. 우리나라의 목표 물가가 2%라고 했는데, 그동안은 계속 실제 물가가 목표 물가를 밑돌았었다. 더군다나 2020년 코로나19의 충격을 맞았던 당시만 해도 디플레이션이 온다고 걱정했었다.

　　오른쪽 그래프에서 우리나라의 장기 물가상승률을 보면 2000년대 우리나라 물가상승률은 3.5% 수준이었다. 그리고 2010년대 물가상승률의 레벨은 1% 수준이다. 레벨 자체가 떨어진 것이다. 우리는 고물가 시대에서 저물가 시대로 전환되는 경제였고, 더군다나 2019년, 2020년 연속으로 물가상승률이 1%조차 안

한국의 소비자물가 및 수입물가 월별 추이

자료: 한국은행

한국의 소비자물가 및 생활물가 장기 추이 및 전망

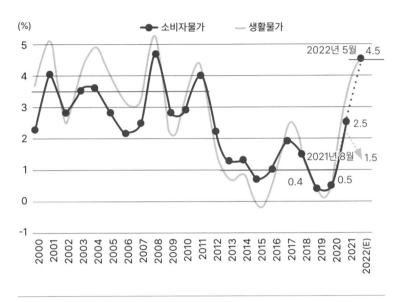

자료: 한국은행

되었으니 저물가가 우려됐던 경제였다. 저물가, 저성장 그리고 저금리의 상황이었던 것이다.

2021년 8월까지만 해도 한국은행이 2022년에는 물가상승률이 1.5%로 다시 안정화될 것이라고 전망했었다. 2%라는 목표 물가보다도 밑도는 수준이었다. 2021년의 물가 상승세야 기저 효과가 있었으니 그럴 만했다. 그런데 2022년 2월에 들어 한국은행이 수정

전망치를 제시했는데, 물가상승률을 3.1%로 상향 조정했다. 물론 이마저도 러시아의 우크라이나 침공, 이 전쟁이 제대로 반영되기 전이다. 따라서 우리나라도 물가 상승 압력이 더 작용해서 한 4% 정도의 물가상승률을 기록할 것으로 보인다. IMF 역시 비슷하게 전망하고 있다. 이제부터 우리나라도 정말 고물가 기조로 가는구나 하는 우려가 되지 않을 수 없다.

한국, 스태그플레이션 위협 시작되나?

우리나라는 스태그플레이션의 위협 앞에 놓여 있다. 경제 규모는 줄어들고, 실업은 늘고, 소득은 줄고, 물가만 오르는 경제를 스태그플레이션이라고 정의 내릴 수 있다. 말 그대로 경기 침체와 물가 상승 압력이 동시에 찾아오는 경제, 그런 경제가 바로 스태그플레이션이다.

다들 알다시피 고물가와 고성장인 경제 상황이 인플레이션이다. 반대로 저물가이고 저성장이면 디플레이션이다. 그런데 이 중에 안 좋은 것만 골라보자. 바로 저성장과 고물가다. 이 두 가지가 결합한 것이 스태그플레이션이다. 쉽게 말하면 스태그플레이션은 성장과 물가가 따로 움직이는 흐름이다.

차라리 성장률과 물가가 같이 가면 통화정책을 결정하기가 쉽다. 인플레이션이니까 물가를 잡기 위해서 금리를 인상하면 된다. 왜냐하면 경제도 뒷받침이 되기 때문이다. 반대로 디플레이션일 때는 경기도 침체되어 있고 물가도 마이너스 금리니까 금리를 인하해서 경기도 성장시키고 물가도 올리면 된다.

미국은 스태그플레이션이 아니라 인플레이션으로 정의 내릴 수 있기 때문에, 앞서 말한 대로 굉장히 빠른 속도로 물가 상승 압력만 잡으면 된다. 금리를 올려도 경기가 알아서 잘 굴러가고 있으니까, 선순환하고 있으니까 괜찮다고 할 수 있는 것이다. 금리를 가파르게 인상할 수 있는 여건이 마련된 것이므로 미국은 금리를 가파르게 인상할 것이다.

그러나 스태그플레이션에서는 성장과 물가가 따로 움직이므로 통화정책을 결정하기도 굉장히 어렵다. 우리 경제는 지금 당장은 스태그플레이션이라고 정의 내리기 어렵지만 스태그플레이션 바로 전초 현상이랄까, 스태그플레이션으로 전개되는 양상을 보이기 때문에 미국처럼 금리를 인상할 수 없다.

두 마리의 토끼가 같은 방향으로 가면 두 마리 토끼를 같이 잡을 수 있지만 두 마리의 토끼가 따로따로 가면 같이 잡을 수가 없는 경제, 그게 스태그플레이션이다. 물가 상승과 경기 침체 우려가 같이 찾아오는 경제이기 때문에 물가를 잡자고 금리를 인상해버리면 경제 혹은 경기 회복이라는 다른 토끼를 놓치게 된다. 그렇기 때문에 미국이 금리를 강도 높게 인상하는 와중에도 우리나라는 똑같이 기준금리를 인상할 수가 없는 것이다.

이처럼 통화정책의 스탠스는 계속 움직이고 있다. 그런 면에서 앞으로 있을 미국의 FOMC, 우리나라의 금융통화위원회의 통화정

한국과 미국의 기준금리 추이 및 전망

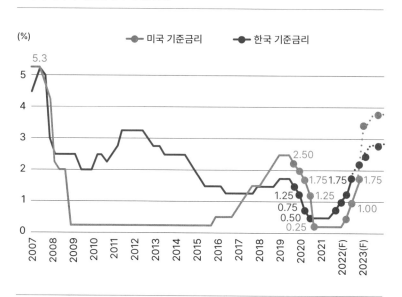

자료: 한국은행, Fed, 국제금융센터

PART 3 긴축의 시대, 기준금리 빅스텝 인상

책방향 결정회의가 중요하다. 아래 표는 한국과 미국의 통화정책방향 결정회의 일정이다.

미국은 자이언트 스텝으로 기준금리 인상을 진행했다. 우리나라는 역시 미국의 자이언트 스텝을 바라보면서 베이비 스텝을 할 것인가, 빅스텝을 결정할 것인가 여부를 2022년 하반기 내내 지속적으로 고민할 것으로 보인다. 미국이 향후 빅스텝 행보를 이어간다면, 한국도 같은 보폭을 유지해야 할 필요성이 높아질 것이다. 7월부터 있을 4번의 통화정책방향 결정회의는 그 어느 때보다 셈법이 복잡한 고차방정식을 풀어야 하는 순간이 될 것이다. 한국은행 금융통화위원회 위원들의 고심이 깊어질 시간이다.

왜 그럴까? 미국이 기준금리를 인상하면 미국 달러의 가치가 커

한국과 미국의 통화정책방향 결정회의

국가 \ 월	1월	2월	3월	4월	5월	6월
한국	14일	24일	-	14일	26일	-
미국	26일	-	16일	-	4일	15일

국가 \ 월	7월	8월	9월	10월	11월	12월
한국	13일	25일	-	12일	24일	-
미국	27일	-	21일	-	2일	14일

자료: 한국은행, Fed.

지고 개도국에 투자했던 자금이 급속하게 빠지면서 우리나라 경제는 더 어려워질 수 있기 때문이다.

다시 말해 우리나라는 물가를 잡자니 인상해야 하고 경기 침체를 방어하자니 금리를 동결해야 하는데, 미국의 기준금리 인상 때문에 외국인 자금 유출이 우려되므로 또 금리를 올려야 한다. 인하 혹은 동결보다 인상의 필요성이 더 강조되는 경제인 것이다. 투자를 하는 사람이라면 이런 일정도 참조하면서 다양한 투자 의사 결정을 하길 바란다.

신정부는 스태그플레이션을 저지하기 위한 정책 행보에 집중해야 한다. 지정학적 리스크가 가져올 경제 여건 변화를 관찰해 정책 결정에 신중을 기해야 한다. 한국은 국제유가와 원자재 가격 상승에 취약한 구조를 지녔다. 통화, 재정 정책 모두에 있어 신중함이 요구된다.

통화 정책 정상화 속도부터 조절해야 한다. 과도한 재정지출은 국채금리를 상승시키고 구축 효과(crowding-out effect·정부 지출 증가로 민간 부문 투자가 감소하는 현상)로 이어질 수 있음을 간과해서는 안 된다. 오늘만 보는 것이 아니라 내일을 봐야 한다.

이처럼 우리는 긴축의 시대로 가고 있다. 이것은 피할 수 없고 정해진 미래다. 그렇다면 이런 구조적 변화 속에 우리 개인은 어떤 변화에 직면할 것인가. 부동산은? 주가는? 환율은? 그리고 그 변화 속에 우리는 어떻게 대응할 것인가? 우리는 어떤 투자를 하고 어떤 의사결정을 내려야 할까? 기업이라면 어떤 경영 의사결정을 내리고, 정부는 또 어떤 정책들을 동원해야 할 것인가? 4부에서 이에 대해 자세히 알아보고자 한다.

PART 4

금리의 역습,
반항하는 경제

CHAPTER 11

환율 전망이 말해주는
변화의 흐름

무역의존도가 높은

우리 경제에서는 환율이

경제에 미치는 영향이 크다.

강한 달러의 시대에 국가와 기업

그리고 개인은 어떻게 대응할 것인가?

환율이 중요한 이유

많은 사람이 또 하나 궁금해하는 것이 환율은 어떻게 될까 하는 문제다. 환율이라는 것이 왜 중요할까? 예를 들어 강달러 현상이 나타나면 신흥국에서는 자금이 계속 유출될 수 있다. 그러면 신흥국의 주식 시장은 어떨까? 안 좋을 것이다.

또한 대외 거래라는 측면에서도 수출입이라는 관점에서 채산성을 좌지우지한다. 달러 가치가 높으면 비싼 값에 물건을 팔 수 있으니 수출 기업에게 유리하다. 반면 달러 가치가 낮으면 저렴하게 물건을 사 올 수 있으니 수입 기업에게 유리하다. 이처럼 환율은 경제에서 상당히 많은 것을 좌우하므로 중요한 것이다.

특히 대외의존도가 높은 우리나라 경제는 환율 변동에 매우 민감할 수밖에 없다. 실물경제 관점에서는 수출입에 직접적인 영향을 주고, 자본시장 관점에서는 외국인 자금의 유입과 유출을 결정짓기도 한다. 따라서 경제 주체들은 원·달러 환율이 어떻게 전망될지를 그려보고 적절한 대응 전략을 모색해야 한다.

먼저 화폐에 대해 생각해보자. 화폐는 경제적으로 봤을 때는 '건전성'을 뜻한다. 통상적으로 선진국 돈의 가치가 높은 것은 펀더멘털(fundamental, 한 나라 경제가 얼마나 튼튼한지 나타내는 경제의 기초요건)이 탄탄함을 방증해준다. 쉽게 말해, 미국처럼 탄탄하게 성장하고 있다면 달러 가치는 탄탄하게 올라가는 흐름이다.

반면 전쟁이 나거나 심각한 위기에 처한 나라들의 경우 그 나랏돈의 가치가 급락하게 된다. 러시아에서 전쟁이 발생하자 러시아 루블화가 떨어졌다. 우크라이나도 마찬가지다. 전쟁이 난 마당에 1만 원짜리, 아니 10만 원짜리를 들고 있어도 무슨 의미가 있겠는가? 돈의 가치가 없는 것이다. 이처럼 돈의 가치는 순식간에 변한다.

최근 일본 엔화가 하락했다. 엔화 하락은 기본적으로 일본 경제가 침체 국면에 놓여 있다는 것을 반영하기도 한다. 일본의 물가상승 압력은 그리 높지 않은 반면 미국은 물가 상승 압력이 굉장히 높다. 그러므로 미국은 가파르게 기준금리 인상을 취하지만 일본은 굳이 금리를 올릴 필요가 없는 것이다. 그 결과 일본의 엔화 가치가 하락한다.

강한 달러의 시대가 올까?

그렇다면 강한 달러의 시대가 올 것인가?

달러 같은 경우 특별히 안전자산의 성격을 가지고 있다. 세계 경제의 불확실성이 커지면, 공격적 투자보다는 안전자산 선호 현상이 커지기 마련이다.

불확실성 정도를 확인할 수 있는 대표적인 지표인 VIX지수를 보면, 코로나19 충격으로 2020년 2분기에 역사상 고점을 기록할 때, 달러 가치도 함께 급등했다. 코로나19 때 공포감, 위기감, 불확실성 같은 변동성이 이처럼 컸다. 역사상 제일 고점이었고 변동성과 함께 달러 가치도 올라갔다는 것을 볼 수 있다. 이렇게 기조적으로 올라가는 현상은 미국 경제가 탄탄하게 성장하고 있다는 것을 보여주는 것이다.

다음 그래프는 VIX지수와 달러인덱스를 나타낸다. 러시아의 우

VIX지수 및 달러인덱스 추이

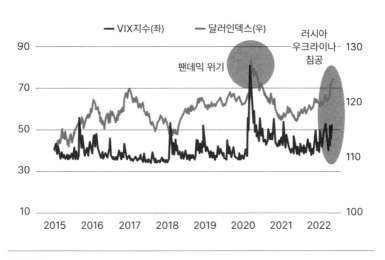

자료: FRED
주: VIX지수는 CBOE Volatility Index로, 대표적인 변동성을 나타내는 지표

크라이나 침공이 발발하자 다시 변동성지수가 급등하고, 달러인덱스도 함께 상승했다. 그리고 역시 안정화됐다가 러시아-우크라이나 전쟁으로 인해 또다시 고조됐다. 일시적으로 이런 충격이 있었던 것은 이런 공포감이 반영된 것이다.

우리가 공포감이 들 때, 불확실하다고 느낄 때는 공격적으로 투자하기보다 안전자산에 투자하고 싶어진다. 예를 들어, 코로나19 외에 또 다른 위기가 온다면 공포감이 맴돌 것이다. 그런 시기에는 당장 금부터 사야 하고, 두 번째로 달러를 사야 한다.

다음 그래프는 루블화 가치의 추이를 보여준다. 루블화 가치가 이렇게 올라갔다는 것은 달러 가치가 떨어졌다는 뜻이다. 많은 루블화를 내야만 1달러를 바꿀 수 있다는 뜻이기 때문이다. 달러 가치가 폭등하고 루블화 가치가 떨어졌었는데 다시 제자리로 돌아온 것이다. 이는 '이제 전쟁 끝나겠네' 하는 기대감이 돌고 있다는 것을 방증한다.

러시아 루블화 환율

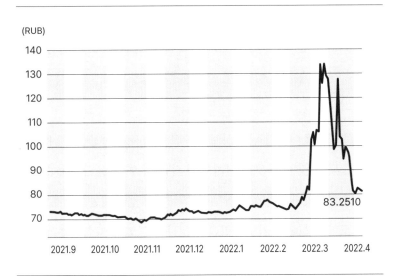

자료: Yahoo finance

전쟁은 주가 분석 관점에서는 두 가지로 분류할 수 있다. '예상되는 전쟁' 그리고 '예상치 못한 전쟁'이다. 아프가니스탄 전쟁이나 이라크 전쟁 등이 예상되는 전쟁에 해당한다.

예상되는 전쟁의 경우 전쟁 발생 가능성이 고조되면서 주식 시장은 조정 국면을 지나지만, 이후 상승 추세가 이어졌다. 전쟁은 곧 실물경제 충격을 뜻하는데, 예상되는 전쟁일 때는 주가가 전쟁을 선행했다. 반대로 태평양 전쟁(진주만 공습)이나 걸프전 같은 예상치 못한 전쟁의 경우 주가와 실물경제 충격이 동시에 나타났다. 최소 10거래일 이상 주가가 조정됐고, 경제 활동도 동시에 위축됐다.

우크라이나 사태는 미국과 러시아가 서로 공격을 예고하다시피 해 어느 정도는 '예상되는 전쟁' 모습에 해당한다. 또한 전쟁이 이미 벌어졌기 때문에, 이미 알고 있는 불확실성은 더 이상 불확실성이 아니다.

코로나19도 마찬가지다. 코로나19 충격이 작용했을 때 불확실성이 고조되는 것이지, 그게 장기화가 되면 더 이상 불확실성이 아니다. 그건 이미 반영하고 감안해서 대응하고 움직이는 것이기 때문이다. 또한 러시아가 기준금리를 엄청나게 인상하면서 루블화 가치가 다시 제자리로 돌아오는 흐름이다.

실제 미국 정책금리와 달러인덱스 추이를 보자. 정책금리가 올라간다고 달러 가치가 무조건 올라가는 건 아니다. 실제로 금리를 떨어뜨릴 때 달러 가치가 오르기도 했다. 연관성을 찾기가 힘들 때가 있다.

다음 그림에서 보듯 지금은 금리 인상기다. 사실은 매번 금리 인상기마다 금리 인상 직전에, 금리를 인상할 거라고 발표한 기간에 달러 가치가 일제히 올랐다. 그러나 실제 금리 인상이 단행될 때는 오른 기간도 있고 떨어진 기간도 있다. 다시 말해 금리를 인

미국 정책금리와 달러인덱스

자료: Bloomberg, 국제금융센터

상할 거라고 하면 '금리를 인상할 거야'라고 생각하는 그 기간만큼
은 달러 강세 기조가 나온다. 그리고 실제 금리 인상이 단행된 이
후에는 그때그때 여건에 따라 다르다. 그렇기 때문에 여건에 대해
진단을 해야 한다.

그럼 2022년의 여건은 어떤가? 미국이 기준금리 인상할 때 다
른 나라는 더 가파르게 인상할 수도 있고 그렇지 않을 수도 있다.
그러므로 결국 달러 가치만 강해지는 게 아니라 다른 나라의 화폐

미국 금리 인상기별 달러인덱스 추이

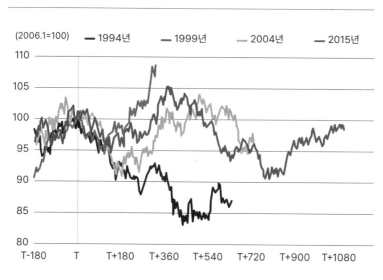

자료: 국제금융센터

PART 4 금리의 역습, 반항하는 경제

가치도 결국 다 같이 강해진다. 환율이라는 것은 교환 비율이기 때문에, 반드시 강한 달러가 오는 것은 아니다. 그러나 2022년 같은 경우는 미국만큼 강도 높게 기준금리를 인상하는 나라는 없다고 판단할 수 있기 때문에 강한 달러의 시대가 올 수밖에 없다.

그럼 강한 달러의 시대에 우리는 어떻게 대응해야 할까? 세 가지를 짚어보고자 한다.

첫째, 달러의 강세가 나타나면 자본 시장은 더욱 혼란해질 것이다. 외국인이 투자 자금을 회수함에 따라 한국 주식의 강세장을 기대하기는 어려울 것으로 보인다. 투자자라면 투자 전략과 포트폴리오 구성에 유의할 필요가 있겠지만, 이러한 현상이 기업의 투자 위축으로 이어져 추가적인 경기 침체를 유도할 우려가 있다.

둘째, 통화정책에도 상당한 혼란이 예상된다. 인플레이션이면 긴축적 통화정책을, 디플레이션이면 완화적 통화정책을 도입하면 되겠지만, 스태그플레이션 우려가 증폭되고 있기에 혼란스러울 수밖에 없다. 높은 물가를 잡자니 금리를 인상해야 하고, 경기 침체를 막자니 금리를 동결해야 하는데, 그렇다고 외국인 자금 이탈을 지켜만 볼 수 없는 상황이다.

셋째, 달러 강세는 수출 기업에는 기회가 되겠지만, 수입 기업에는 악재로 작용할 것이다. 특히, 에너지, 식료품, 철·비철금속 등의 원자재를 수입에 의존하는 한국은 공급난이 더욱 가중될 우려가 있다. 정부는 강한 달러의 시대를 대비하는 지원책을 준비하고, 기업은 거시경제 여건에 대한 모니터링을 강화할 필요가 있다.

인플레이션에 투자하라

그럼 우리는 어디에 투자해야 할까? 2021년부터 에너지와 국제 유가에 투자하라고 권해왔다. 실제로 다음 그래프에서 보듯 S&P500 지수는 지지부진한데, 에너지 원자재 관련 지수는 급격히 오르고 있다.

장기적으로 재생에너지로의 전환은 일어날 수밖에 없다. 화석연료 발전이 아닌 재생에너지 발전, 이를테면 태양광, 풍력 발전 등으로 전환할 것이다. 그러면 이런 발전에 필요한 비철금속 광물 소재에 투자하는 게 좋지 않겠는가.

또한 인플레이션에 투자하라. 우리나라는 유독 소재 부품 장비, 원자재나 부품을 수입하는 비중이 전체 수입액 중 87%나 된다. 더군다나 마그네슘은 100%, 요소수는 97.7% 중국에 의존하고 있다. 이처럼 우리가 정말 필요로 하는 핵심 원자재를 특정 국가에 전적

에너지, 기타 원자재 및 S&P500 지수 추이

(2021.1.1=1.00)　── 에너지 인덱스　　── 기타 원자재 인덱스　　── S&P 500

자료: EIA(2022.3) STEO(Short-Term Energy Outlook)

으로 의존하고 있다 보니 우리나라는 정책적으로 소재, 부품, 장비를 국산화하거나 기민하게 대응할 수 있는 체제를 마련하는 것이 굉장히 중요하다.

광물 수요를 보면 중장기적으로 리튬, 코발트, 니켈, 코퍼, 희토류 등의 수요가 계속 늘어날 것으로 전망된다. 왜 그럴까? 이런 것을 중심으로 인플레이션이 일어날 것이기 때문이다. 또한 에너지 대전환은 거스르려야 거스를 수 없는 흐름이기 때문이다. 그렇기

가공단계별 수입액 추이

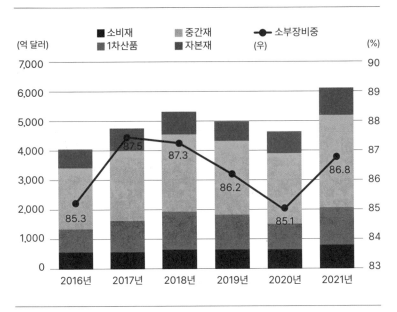

자료: 한국무역협회
주: 소부장비중은 전체 수입액에서 1차산품, 중간재, 자본재의 수입액이 차지하는 비중을 의미. 기타는 분석에서 제외

때문에 우리는 인플레이션에 투자해야 한다는 걸 다시 한번 강조하고 싶다.

특히 2022년 같은 경우 2024년까지는 중장기적으로도 기후변화 문제에 놓여 있을 것이고, 그것은 식량 공급 부족을 만들 것이다. 더군다나 러시아와 우크라이나 전쟁의 과정에서 공급 부족으로 인해 곡물 가격이 2023년까지도 오를 것이다. 그러면 곡물이나

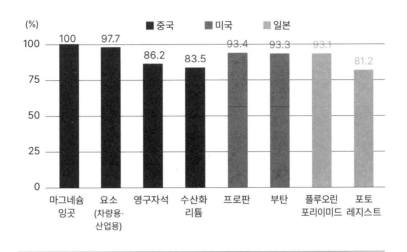

자료: 한국무역협회
주: 2021년 1~9월 기준

식료품 혹은 원자재 ETF에 투자하는 것도 좋을 것이다. 인플레이션 현상이 벌어지고 있다면 인플레이션에 투자하라.

혹은 현금 보유 비중을 늘리는 노력도 필요하겠다. 상대적으로 고금리 시대로 계속 갈 것이기 때문이다. 예를 들어 저축 금리가 5%라면 주식 투자에서 5%를 벌었다고 해도 돈을 번 게 아닌 게 된다. 은행에 저축하면 가만히 있어도 들어오는 돈을 그 많은 시간과 비용을 들여가면서 벌 거면 굳이 주식 투자를 할 필요가 없지 않은가. 주식에 투자하려면 적어도 10%는 벌어야 한다.

그래서 주식 투자 비중을 줄이고 현금 보유 비중을 늘리라고 말하는 것이다. 이처럼 투자하는 방식은 시대마다 다르다. 적어도 2023년까지는 주식 시장이 그리 좋지 못할 것이다.

세계 경제는 어떻게 움직일 것인가?

2020년 세계 경제는 −3.1% 성장이라는 역사상 가장 충격적인 경제 위기를 경험했고 2021년에서 2022년 현재까지 우리는 뚜렷한 회복세에 있다. 백신을 성공적으로 도입한 국가들을 중심으로 기업들이 적극적인 생산 활동과 기술 교류 등을 진행하며 신산업 등에 투자를 진척시키고 있다. 2020년부터 각국이 단행했던 확정적 재정정책과 완화적 통화정책의 효과가 더해지고, 내구재 소비가 뚜렷하게 회복되듯 가계의 소비 활동도 상당히 강하게 전개될 것으로 보인다.

다만 모두가 똑같이 회복되는 것이 아니라, 선진국들이 경제 회복을 뚜렷하게 느끼는 반면, 개도국은 전혀 체감하지 못하는 불균형 회복이 진전될 것이다. 이것은 앞으로도 지속될 구조적인 변화

IMF의 2022년 세계 경제 전망

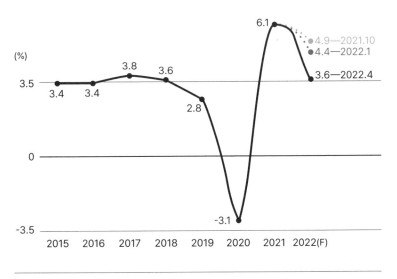

자료: IMF(2022.4) World Economic Outlook
주: 2021년 10월과 2022년 1월 기준의 전망은 각각 점선으로, 2022년 2월 기준의 전망은 실선으로 표시

중 하나다. 사실상 2022년의 세계 경제 회복은 선진국들을 중심으로 나타나는 것일 뿐, 개발도상국이나 저소득 국가들은 오히려 더욱 어려운 국면에 놓이게 된다.

두 번째 구조적인 변화는 전 세계의 자금이 대이동한다는 것이다. 돈의 가치가 상승함에 따라 자산에서 현금으로의 이동이 일어날 것이다. 사실 통화정책의 기조가 전환될 것을 예측했기에 2021년 하반기에 이미 시장은 움직이고 있었다. 2020~2021년 자산 가치가 급상승했다면, 2022년에는 자산 거품이 붕괴할지 모른다는 우려가 제기될 만큼 자산 시장에 상당한 하방 압력이 작용할 것이다. 이에 금융사들은 자금 이동이 일어나고 있음을 인지하고, 5%에 이르는 특판 상품을 내놓고 있다. 이는 기준금리에 선행해 시중금리가 상승하는 주된 배경이 되고 있다.

세 번째로, 디지털 화폐 전쟁과 같은 거대한 이슈가 등장할 것이다. 각국의 중앙은행이 경쟁적으로 디지털 화폐(CBDC, Central Bank Digital Currency) 발행에 적극적으로 나설 것으로 보인다. 그동안 디지털 위안화를 시험적으로 운용해왔던 중국은 2022년 베이징 동계올림픽을 기점으로 상용화에 나설 것이다. 일대일로 사업과 같은 유인책을 활용해 주변국들이 디지털 위안화로 결제하도록 압박할 것이다. 그동안 CBDC에 대해 회의적으로 판단하던 미국, 유로존, 일본 등도 태도를 바꾸어 대응에 나설 것이다.

네 번째 변화는 ESG(환경·책임·투명경영) 열풍이 산업을 통제할 것이라는 점이다. 2015~2020년 4차 산업혁명이 세계 경제의 흐름을 주도한 키워드가 되었듯, 2021년 이후 ESG가 산업에 가장 중대한 쟁점으로 자리할 것이다. 세계 각국이 탄소중립을 선언하고, 탄소배출권 거래제와 탄소세 도입을 추진하며, 환경 규제를 강화하고 있다. 그동안은 ESG와 같은 비재무적 목적이 재무적 목적에 반하는 것으로 생각해왔다. 그러나 이제 기업은 기후변화 대응과 사회문제 해결과 같은 노력이 이윤 극대화 목표에 반하는 것이 아니라, 비즈니스 기회를 주는 필수 요소로 인식하기 시작했다. 따라서 이는 거스를 수 없는 흐름이 되었다.

CHAPTER 12

한국 경제가 흘러갈
방향과 대응 전략

우리 경제에서 가계부채는
정말 심각한 문제일까?
우리가 주목해야 할 것은
가계부채의 양보다 질이며,
거기에서부터 문제를 풀어나가야 한다.

가계부채 폭탄 터질까?

태풍이 지나간 자리에 흔적이 남듯, 경제 충격이 지나간 자리에도 흔적이 남는다. 태풍의 흔적은 떨어진 나뭇잎이고, 경제 충격의 흔적은 부채(debt)다. 코로나19 이후 엄청난 규모의 가계부채(household debt)가 쌓였다. 2019년 말 대비 2021년 1분기 가계부채는 약 165조 원 증가했다. 한국은행이 가계신용 통계를 집계한 이래로, 이토록 큰 규모의 가계부채가 누증된 적이 없었다(주택담보대출을 제외한 가계대출 기준).

실제로 세계 경제 위기는 뒤이은 빚과 관련해서 찾아왔다. 위기란 결국 채무를 이행하지 못할 때 발생하는 것이다. 이번에도 세계 각국은 코로나19의 충격에 대응하기 위해 계속 빚에 의존해왔는데, 그러면 역시 가계부채 폭탄이 터지는 게 아닌지, 불안을 느끼는 사람이 많다. 더군다나 우리나라는 가계부채가 무려 1,900조 원이니, 조만간 2,000조 원이 되면 터질 것이라고 걱정한다. 언론에서도 '가계부채 2,000조 시대'라며 아우성을 친다.

그런데 가계부채가 줄어든 적이 있던가? 사실 역사상 가계부채 규모는 줄어든 적이 없다. 가계부채는 2002년 465조 원에서

가계신용 추이

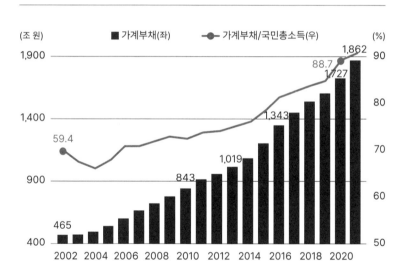

자료: 한국은행(가계신용, 국민계정)

2021년 1분기에 1,765조 원으로 증가했다. 그러나 가계부채의 문제는 총량에 있지 않다.

빚이 2,000조 원이면 터지고 1,800조 원이면 안 터질까? 반대로 늘어나지 않는 것은 또 무엇이 있는가? 주택 수도 늘고, 자산규모도 늘고, 경제 규모도 늘었는데, 가계부채는 늘면 안 되는가? 과거에 부채가 900조 원일 때도 1,000조 원 시대가 온다며 금방이라도 난리가 날 것처럼 이야기했었다. 그러나 아무 문제도 없었다. 가계부채 규모가 늘어나는 것 자체는 문제가 아니기 때문이다. 갚을 수 있는 부채가 늘어난다면 아무 문제가 없다.

가계부채 문제의 핵심은 '상환능력'에 있다. 쌓인 부채를 가계가 상환할 수 있을지가 관건이다. 빚 없는 부자는 없다고 하지 않는가? 사실 가난한 사람이 빚도 없지 않은가? 사실 부자들이 부채가 많다. 부자들은 부채를 몇 억씩 짊어지고 있는 반면 저소득층은 부채가 없거나 있어도 몇백만 원, 몇천만 원에 그친다. 그 이유는 부채의 성격이 다르기 때문이다. 적정한 부채는 문제가 없다. 빚에 의존해서 투자하고, 자산 규모를 키우고, 그러면서 빚도 갚아나가면 그건 문제가 안 된다. 신용등급이 높은 사업가가 많은 빚을 지고 견실하게 사업체를 운영하면서 차곡차곡 원리금을 상환하고 있다면 뭐가 문제란 말인가?

그런데 상환능력이 취약해지고 있다는 사실은 눈여겨볼 필요가 있다. 가계부채의 증가 속도가 소득의 증가 속도보다 빠르기 때문이다. 국민총소득(GNI) 대비 가계부채의 비중이 추세적으로 상승하고 있다. 이 값은 2019년 82.7%에서 2020년 88.7%로, 코로나19 이후에 더 가파르게 상승했다. 소득은 제자리에 머물지만, 가계부채는 큰 폭으로 늘어나는 형국이다. 향후 시중금리가 뚜렷하게 상승하면, 담보로 설정한 자산 가치가 하락하는 반면 이자 상환 부담은 오히려 가중될 것이다. 가계 부실과 금융 부실이 발생할 우려가 있다.

가계부채는 총량의 문제가 아닌 질의 문제

가계부채의 진짜 문제는 못 갚는 빚에 있다고 했다. 그럼 2,000조 원에 가까운 부채는 못 갚는 빚이라는 근거가 있을까? 가계부채 부실 여부를 진단해보자. 일반적으로 '부채 증가→ 원리금 상환부담 가중→연체 증가→금융기관 부실 증가→금융 시스템 불안정성 확대'의 경로를 거쳐 경제가 도미노처럼 무너진다. 가계부채가 부실한지를 판단하기 위한 가장 범용화된 지표로 은행대출금 연체율과 부실채권 비율이 있다.

　우선 은행의 가계 대출 연체율은 이보다 더 떨어질 수 없을 만큼 떨어지고 있다. 2020년 0.3%에서 2021년 0.2%로 하락했다. 30일 이상 상환이 지연되는 가계대출이 줄어들고 있는 것이다. 연체는 실수로라도 발생할 수 있다. 그런데 연체일이 90일이 지나면 그것을 '부실채권'이라고 한다. 90일 이상 은행 대출금을 상환하지 않는다면 못 받을 가능성이 크다고 여기는 것이다.

은행대출금 연체율

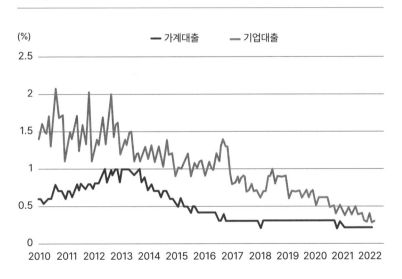

자료: 한국은행

부실채권 비율(고정이하여신비율) 추이

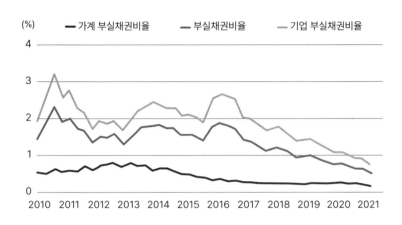

(%)   ━ 가계 부실채권비율   ━ 부실채권비율   ━ 기업 부실채권비율

자료: 금융감독원
주: 부실채권 비율=고정이하여신/총여신

    이 부실채권 비율도 떨어지고 있다. 2020년 1분기 0.26%에서 2021년 1분기 0.20%로 하락했다. 쉽게 말하면 2,000조 원 중에 부실채권, 즉 은행 입장에서 못 받을 가능성이 큰 부채라고 생각하는, 그 부채의 비중은 계속 줄어들고 있다는 뜻이다.

    오른쪽 그래프에서 보듯 금융안전지수도 안정화되고 있어서 주의 단계 밑으로 떨어졌다. 가계부채를 못 갚는 사람 때문에 금융이 불안정하지도 않은 상태인 것이다.

    부채 문제에 취약한 계층은 얼마나 되는지도 확인해보자. '취약

금융안정지수(FSI) 추이

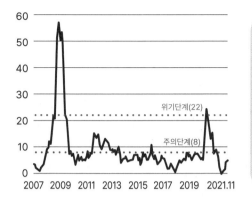

금융안정지수 (Financial Stability Index)

금융안정 관련 실물 및 금융부분의 20개 월별 지표를 표준화하여 산출한 종합지수(0~100)로, 주의 및 위기단계 임계치는 'noise-to-signal ratio' 방식에 따라 각각 8과 22로 설정

주의단계(8.0)를 하회

자료: 한국은행, 금융안정보고서, 금융안정상황

차주'라는 개념이 있다. 다중채무자이면서 저소득 상태이거나 저신용인 사람들을 말한다. 다중채무자는 세 가지 종류 이상의 채무를 갖고 있는 사람이다. 예를 들면, 담보대출이 있고 신용대출도 있고 카드 대출도 받았다면 다중채무자다. 다중채무자라고 다 취약차주가 아니라 다중채무자이면서 저소득 계층이거나 다중채무자이면서 신용등급이 떨어지는 계층이 취약차주다.

저소득 계층이란 소득 분위를 1분위부터 10분위까지로 나누었을 때, 가장 낮은 1, 2, 3분위 저소득층을 말한다. 또 신용등급은 최하 10등급까지 있는데 7등급에서 10등급까지를 저신용으로 분

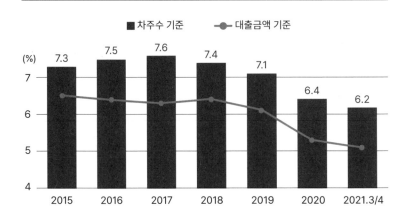

자료: 한국은행
주: 다중채무자(3건 이상의 채무) 중 저신용등급(7~10등급) 혹은 저소득등급(1~3분위)

류한다.

전체 2,000조 원에 해당하는 가계부채 중에서 취약차주가 짊어진 부채의 규모는 줄어들고 있으며 2021년 상반기 기준으로 5%밖에 되지 않는다. 2,000조 원 중에 5%면 100조 원이다. 그러니까 상환할 수 없는 사람들의 빚이 100조 원인 것이다. 이것에 대한 정책이 있고 2,000조 원의 전체 부채를 줄이기 위한 정책이 따로 있어야 한다.

진단이 잘못되면 잘못된 정책이 나오고, 그러면 애꿎은 사람들이 피해를 보게 된다. 대출 껴서 전셋집을 옮기려던 사람이 금융규제 때문에 전셋집 옮기는 데 한계가 생기고, 학비 대출을 받아서 학교를 졸업해야 하는 사람이 곤경에 처한다. 다시 한번 강조하지만 2,000조 원이 문제가 아니라 취약차주의 100조 원이 문제인 것이다.

차주 수를 기준으로 봐도 우리나라 전체 가구가 2천만 가구인데 그중에 돈을 금융기관으로부터 돈을 빌린 가구가 약 천만 가구다. 천만 가구 중에 취약차주의 비중은 대략 6.2%로 떨어졌다. 역시 가계부채 문제의 본질이 규모에 있는 것이 아니라는 뜻이다.

금리가 상승하면 결과적으로 2,000조의 가계부채를 상환하지 못해서 부채 폭탄이 터지는 게 아니라, 취약차주들이 빚을 상환하지 못하게 된다. 특히 취약차주들이 변동금리에 의존하고 있다면 기존에도 취약했는데 더 취약한 구조로 전개될 수 있다.

가계부채 문제를 이야기할 때 소득 대비 부채 비율만 놓고 보는 사람이 많다. 우리나라의 전체 소득을 분모에 넣고 분자에 가계부채를 넣는다. 소득 대비 비율이 커진다는 말은 부채는 늘어나는데 그에 비해 소득이 안 늘어난다는 뜻이다. 소득은 줄어드는데 부채가 더 크게 늘어날 때 소득 대비 부채의 값이 커지지 않겠는가. 부채 규모가 늘어나는데 그것과 비슷한 속도로 소득도 늘어나면 이

분수가 커질 수 없다.

소득 대비 부채가 커지니 이것을 문제 삼는데, 일견 타당하기는 하지만 더 중요한 것은 금융자산 대비 금융부채 비율이다. 이 수치는 커지지 않고 있다. 자산 규모가 계속 늘어나고 있기 때문에 소득이 없는 사람도 얼마든지 부채를 갚을 수 있다는 뜻이다. 이처럼 부채 규모가 늘어나는 만큼 자산 가치도 같이 늘어났기 때문에 가계부채 폭탄은 터지지 않을 것이다. 다시 한번 강조하건대, 가계부채 문제는 총량의 문제가 아니라 질의 문제다. 다시 말해 특정 계

가계부채 건전성 진단 지표

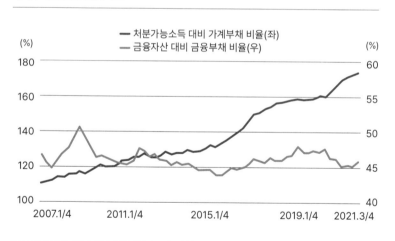

자료: 한국은행, 금융안정보고서, 금융안정상황

층의 문제다.

이는 채무상환 비율을 봐도 알 수 있다. 채무상환 비율이란 경제 주체가 벌어들인 소득 중 빚의 원금과 이자를 갚는 데 들어가는 돈의 비율이다. 계산하는 법은 간단하다. 먼저 분모에는 소득을 넣는다. 여러분의 월 소득을 가처분소득이라고 한다. 그리고 분자에는 원리금 상환액을 넣는다. 매월 원금과 이자를 얼마나 상환하는가 하는 것이다. 우리 가계에 1천만 원 소득이 있는데 그중에 원금과 이자를 2백만 원 상환한다고 해보자. 그러면 우리 집은 채무

소득분위별 채무상환 비율

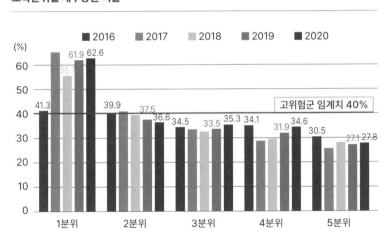

자료: 김광석(2015), "가계부채 현황과 시사점," 국회예산정책처,예산춘추 VOL.38, pp35-42
주: 부채보유가구 기준. 자료는 업데이트됨.

상환 비율이 20%인 것이다.

소득분위별 채무상환 비율을 보자. 5분위로 쪼갰을 때, 1분위 저소득층의 채무상환 비율이 압도적으로 크다. 금융권에서는 40%를 넘어서면 고위험군으로 분류한다. 저소득층의 문제라는 것을 확인할 수 있다. 5분위를 알기 쉽게 설명하면, 월 가구 소득이 1,000만 원이라고 보면 된다. 그중에 약 270만 원을 원금과 이자 상환에 쓰는 것이다. 왜냐하면 이 계층은 부동산을 갖고 있을 가능성이 크기 때문이다. 따라서 이런 부채는 부담이 없다. 그런데 1분위는 월 소득이 100만 원인데 그중에 무려 62만 원을 원금과 이자, 빚 갚는 데 쓰고 있는 것이다.

그러므로 두 가지 부채의 질이 다르다. 전자는 투자형 부채이고 후자는 생계형 대출이다. 후자는 생활비가 부족하니까 생활비 마련을 위한 대출을 받는 것이다. 게다가 제2금융권, 제3금융권에서 대출을 받기도 한다.

다음 그래프에서 종사상지위별로 채무상환 비율을 보면 자영업자의 채무상환 비율이 높다. 결국 금리가 이렇게 강도 높게 상승하는 구간에서는 저소득 자영업자가 취약차주일 가능성이 굉장히 크다. 그래서 취약차주의 가계부채 문제는 충분히 우리가 주목을 해야 하고 정부가 대응책을 세워야 한다. 이는 우리 경제 전체에

종사상지위별 채무상환 비율 추이

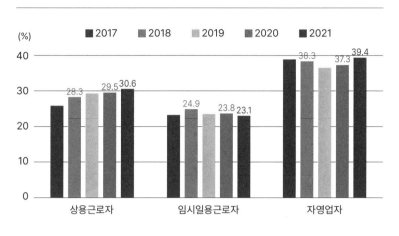

자료: 통계청 가계금융복지조사

걸친 문제는 아닐지 몰라도 상당한 서민층에 충격을 줄 수 있기 때문이다. 따라서 어떻게 채무상환 능력을 보전해줄까 하는 방향으로 고민이 필요하다.

　통화정책, 재정정책, 금융정책 삼박자가 맞아야 한다. 먼저 재정정책은 시중금리가 상승함에 따라 기업들의 투자 의지가 꺾이지 않도록 대응해야 한다. 연구·개발(R&D) 예산이나 기술사업화 지원 등과 같은 신규 사업 진출을 유인하는 정책적 노력이 그 어느 때보다 절실한 시점이다. 그렇지 않으면 경제가 꺼꾸러질 것이다.

금융정책은 국민의 숨통을 틔워줘야 한다. 금융 규제마저 강화하면 서민들이 죽음의 계곡을 건널 수 없다. 시중금리가 상승하면 투자형 대출 수요는 자연히 줄 것이지만 생계형 대출 수요는 줄 수 없다. 쌀을 사야 하고 집값을 내야 하기 때문이다. 은행 대출 규제를 강화하면 서민들은 금리가 더 높은 제2금융권이나 기타 대출에 의존할 수밖에 없는 것이다.

신정부가 들어서는 우리 경제 전망

2022년 5월 집권을 시작할 윤석열 대통령 당선인의 정책 공약들을 바탕으로 향후 가계와 기업이 활동하는 경제 환경에 어떤 변화가 일 것인지를 판단할 수 있다. 이를 크게 다섯 가지로 정리할 수 있다.

첫째, 경제정책 기조가 '소득주도성장'에서 '역동적 혁신성장'으로 전환될 것이다. 경제정책의 목표는 크게 성장과 분배로 나뉜다. 모든 정부는 두 가지 목표를 이루기 위해 계획한다. 다만 성장과 분배가 충돌할 경우 보수정권은 성장을, 진보정권은 분배를 우선시한다.

문재인 정부는 최저임금을 인상하고 주 52시간 근무제를 도입하는 등 노동자 혹은 서민의 삶에 초점을 두는 분배 정책 중심이었지만, 윤석열 정부는 기업의 부담을 덜어주고 규제를 대폭 완화하는 성장 중심의 경제정책을 추진할 것이다. 법인세를 인하하고 신사업에 적극적으로 투자할 수 있도록 유도해 '기업 하기 좋은 환경'을 만드는 데 집중할 것으로 보인다.

　둘째, 새 정부의 산업정책은 디지털 전환에 중점을 둘 것이다. 윤석열 당선인은 미디어와 콘텐츠 산업 진흥을 전담하는 디지털미디어혁신부를 신설하고, 규제 전담 기구를 마련할 계획이다. 민간 합동의 과학기술위원회를 대통령 직속으로 신설해 과학기술 강국으로 도약할 수 있는 기반을 만들어갈 계획이다. 100만 명의 디지털 인재를 양성해 디지털 전환기에 산업에서 요구하는 인력을 배출하려고 한다. 이를 위해 디지털 영재학교를 설립해 국비로 실습형 교육을 받을 수 있도록 할 것이다.

　특히 윤석열 신정부와 이재명 후보가 극명하게 달랐던 점은 '디지털 플랫폼에 대한 규제'에 관한 관점이다. 당시 이재명 후보는 네이버, 카카오 등과 같은 디지털 플랫폼을 규제해 소상공인과 자영업자를 보호해야 한다고 보았으나, 윤석열 당선인은 플랫폼이 소비자 편익을 증대한다고 보고 규제 도입에 부정적인 견해를 갖고 있다.

셋째, 에너지 정책에 급격한 변화가 있을 것으로 보인다. 세계적으로 온실가스를 감축하고, 탄소중립을 실현하기 위한 에너지 산업의 대전환이 일고 있다. 문재인 정부도 이러한 세계적 흐름에 동참해 태양광, 풍력, 수소, 배터리 산업에 투자를 집중해왔다. 이른바 그린뉴딜 사업이었다.

윤석열 신정부가 차별화할 영역은 '탈원전 정책 폐기'에 있다. 국가온실가스 감축목표(NDC) 40% 달성을 위해 원자력발전 비중을 늘리고, 세계 최고의 원전 기술력을 기반으로 한국형 원전 수출을 추진할 계획이다. 더욱이 유럽연합(EU)이 천연가스와 원전에 대한 투자를 '그린 택소노미'로 분류하는 규정안을 확정·발의함으로써 세계적으로 원전 산업이 크게 성장할 것으로 전망되고 있어 한국은 산업적 기회를 포착할 수 있을 것으로 기대된다.

넷째, 자본시장 투자 여건 개선에 집중할 전망이다. 현재 상장주식 종목을 10억 원 이상 보유하거나, 주식 지분율 1% 이상 보유한 대주주에게 매매차익에 양도세를 부과하고 있다. 문재인 정부는 2023년부터 모든 상장주식에 대해 연간 5천만 원이 넘는 양도차익을 거두면 양도세를 부과하기로 했다.

윤성열 당선인은 주식 양도소득세 폐지를 대표 공약으로 내건

만큼 개인투자자 지원이 확대될 것으로 보인다. 다만, 이는 소득이 있는 곳에 세금을 부과한다는 조세원칙에 반하는 것으로 국회 통과가 쉽지 않을 것이다.

한편 MSCI 선진국 지수 편입은 문재인 정부도 적극적으로 추진해왔던 과제이기에 탄력을 받을 것으로 보인다. 공매도 제도 개선과 외환시장 개방 등 선진국 지수 편입을 위한 움직임이 빠른 속도로 전개될 것이다. 2023년 6월이면 MSCI 선진국 관찰대상국에 포함될 것으로 기대된다. 외국인 자금이 유입되면서 코스피 지수가 레벨업 될 것으로 전망된다.

마지막으로 부동산 시장의 거래 활성화가 예상된다. 윤석열 당선인은 임기 내 신규 주택 250만가구를 공급하기로 약속했다. 특히 청년에게 상당 비중의 신규 주택이 우선 배정될 수 있도록 약속했다. 더욱이 문재인 정부가 도입해왔던 각종 부동산·금융 규제를 다시 제자리로 완화할 방침이다. 재건축 초과이익 환수제를 크게 완화하고, 리모델링 규제를 완화해 주거 수준을 개선하는 데 초점을 두고 있다. 종합부동산세를 폐지하고, 양도소득세를 개편하며 보유세 세제 개편 및 세율 적용 구간 단순화를 추진함으로써 거래 활성화를 유도할 계획이다.

인플레이션 쇼크에 대한 대응

물가의 역습이 시작됐다. 시멘트나 철근과 같은 건축 자재값이 치솟아 공사가 중단되는 일이 벌어지고 있다. 국제 펄프 가격이 급등해 출판계가 비상이다. 사룟값이 올라 축산농가의 시름이 깊어지고 있다. 식자재값이 다 올라도 메뉴 가격을 올리면 손님이 줄까 고심하는 자영업자의 고충은 헤아릴 수도 없다.

글로벌 인플레이션 쇼크가 이어지고 있다. 미국이 41년 만에 최고치를 기록하더니, 영국도 40년 만에 최고 수준인 9%를 기록했나. 장기 니플레이션의 늪에 빠졌던 일본마서 7년 만에 가장 큰 폭의 물가 상승세를 기록했다. 한국도 예외가 아니다. 물가지표 발표에 이토록 관심이 집중되었던 적이 있던가?

2020~2021년에는 코로나19에 얼마나 신속하게 대응했는지가 정부 능력의 평가 기준이었다면, 2022~2023년에는 인플레이션 쇼크에 얼마나 잘 대응했는지가 그 기준이 될 것이다. 물가관리는 가장 중요한 정책과제라 해도 과언이 아니다. 중앙은행도 물가 상승을 잡기 위해 기준금리 인상과 같은 긴축적 통화정책을 적극 도입해나가고 있지만, 재정정책도 장단기적 대응책들을 강구해야 한다.

정부의 정책 대응

첫째, 단기적으로 긴급한 대응이 요구되는 것은 수급관리다. 홍수나 한파 후에는 식료품 물가가 치솟아, 해외 농산물을 긴급하게 조달하는 정책을 도입하고 있다. 그러나 글로벌 인플레이션 쇼크 상황에는 다르다. 인도네시아가 팜유 수출을 차단하고 인도가 밀 수출을 차단하듯, 급등하는 품목들에 대한 보호무역 조치가 강화되고 있다. 외교적 노력을 기울여 자원의 수급 안정에 만전을 기해야 한다.

특히 FAO의 권장 재고율에도 못 미치는 콩, 옥수수 등과 같은 식량자원의 경우 우선하여 적정 비축량을 확보해야 한다. 위기 상황인 만큼 원료 구매자금을 확대하는 것도 중요하다. 기업들이 원자재 구입 및 조달 과정에서 차질이 생기지 않도록 장기 공급계약을 확대하거나 상품 선물시장을 통해 가격 변동에 따른 위험을 분산하는 등의 대응책이 마련되어야 하겠다.

둘째, 취약계층 보호 대책이 필요하다. 소득이 늘어도 소비가 감소하고 있다. 물가 상승분을 반영한 실질소득이 감소하고 있기 때문이다. 2022년 1분기 가계동향조사 결과, 처분가능소득은 늘었지만 소비로 연결되지 않았다. 즉, 평균소비성향이 하락했다. 특히 1분위 저소득층일수록 평균소비성향이 더 많이 감소했음에 주목해야 한다. 인플레이션 쇼크가 계속되면 저소득층의 삶이 질이 크게 악화할 수 있기 때문에, 취약계층 지원책을 시급히 마련해야 한다. 식료품 바우처 사업이나 필수품 구매 지원금 등과 같은 대책을 고려할 수 있다.

셋째, '비용 전가 능력'이 약한 중소기업과 소상공인 지원책을 마련해야 한다. 고객사인 대기업을 대상으로 부품을 공급하거나 서비스를 제공하기로 장기계약을 체결한 공급사들은 납품가는 1년 전에 정해놓았지만, 그동안 비용이 폭등해 수익성이 떨어진다. 협상력이 떨어지는 영세 공급사들이 사업을 중단하는 일이 없도록 정책지원을 세공해야 한다. 한편 비용상승 부담을 공급사와 구매사가 합리적으로 분담하는 기업 상생 생태계를 조성하는 노력도 필요한 시점이다.

넷째, 장기적으로 자원 개발사업을 확대하는 정책 방향을 구축해야 한다. 식료품 원자재나 광물 자원이 부족한 나라는 인플레이션 쇼크에 더 취약할 수밖에 없다. 인도네시아나 인도처럼 수출금지를 통해서 자국 물가를 보호할 수도 없지 않은가? 해외 원자재를 안정적으로 조달받을 수 있는 사업을 국가사업으로 추진하거나, 민간기업들의 자원개발 사업 진출을 촉진해야 한다.

기업과 가계의 대응 전략

기업들은 친환경 인프라 사업들이 늘어날 것이기 때문에 해외 건설사업으로부터의 기회를 살피고, 산업 수요에 맞게 자원개발사업 등의 영역으로 다각화하는 전략도 고민해봐야 한다.

한편 모니터링 역량을 강화할 필요가 있다. 금리, 환율 등에 영향을 줄 국제 이슈들을 선제적으로 확인하고, 주요 원자재 가격에 영향을 줄 변수들도 실시간으로 확인해야 한다. 주요 원자재 생산을 주도하고 있는 신흥국에 진출하고, 주요 기업들과 공동 사업을 영위하는 시도도 고려해봐야 한다.

가계는 원자재 투자를 고려할 수 있다. 1부에서 언급했듯 국제 유가나 주요 원자재 가격의 상승세를 반영한 ETF 혹은 ETN에 투자할 수 있다. 장기투자 관점으로 원자재 지수에 투자하되 여건 변화에 유연하게 포트폴리오 구성을 전환할 필요가 있다.

CHAPTER 13

고금리 시대 국내외 경제 전망

코로나19 이전부터 2022년 상반기까지의
급격한 경제 여건의 변화와
각국 통화정책의 대응을 살펴보고,
2022년 하반기 세계 그리고
한국 경제는 어떻게 전개될지 전망해보자.

코로나19 전후 경제 상황 변화

    2020년 이후 세계는 다시는 반복하고 싶지 않은 충격을 두 번이나 경험했다. 2020년의 코로나 팬데믹 위기와 2022년의 러시아 전쟁이다. 급격한 경제 여건의 변화를 겪으며, 세계 경제는 이례적인 통화 및 재정정책을 통해 위기에 대응했다. 그 흐름을 되짚어보고자 한다.

    2020년 초까지 세계 경제는 회복세를 보였다. IMF(국제통화기금)는 세계 경제 성장률이 2019년 2.9%를 기록하고 2020년 3.3% 수준으로 반등할 것으로 전망했다. 세계은행, OECD(경제협력개발기구) 등과 같은 주요 국제기구들도 같은 기조로 2020년 경제를 바라보고 있다. 2019년은 미·중 무역분쟁이 격화되고, 한일 긴장이 고조되며, 기업들의 투자심리는 한없이 위축되면서 경기 저점이 형성되었던 시점이고, 2020년은 경기 저점에서 벗어나 완만한 회복세가 시작되는 해로 판단했다.

2018~2019년 동안 가장 커다란 불확실성 요인, 미·중 무역분쟁이 2020년 들어 급격히 완화되기 시작했다. 2020년 1월 미국과 중국 간에 1차 무역 협상을 성사시킨 것은 그러한 흐름을 보여주는 복선 역할을 했다.

IMF는 2020년 중국 경제성장률을 5.8%에서 6.0%로 상향조정하기도 했다. OECD 경기선행지수(CLI, Composite Leading Indicator)도 한국을 비롯한 주요국들이 모두 2019년 하반기 이후 회복세를 지속해 2020년 1월까지 고점을 향해 움직이고 있었다. 미국을 비롯한 주요국들의 제조업 PMI 지표들도 2020년 1월까지 시장 예상치를 상회하는 수준으로 회복세를 보였었다.

세계 경제에 커다란 물음표가 던져졌다. 2020년 2월 들어 본격적으로 코로나19가 확산하면서 공포감이 커졌다. 세계 확진자와 사망자가 기하급수적으로 늘어나고 있는 과정에서 엄청난 조정이 시작되었다.

한국 경제도 2019년 2.0%의 경제 성장률을 기록한 이후,

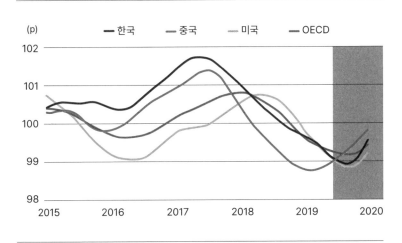

자료: OECD Data(2020.2), Composit leading indicator(CLI)

2020년 2.2% 수준의 완만한 회복을 기대하는 시점에서 찬물이 끼얹어진 모습이다. 중국의 2월 전반기(1~16일) 자동차 판매는 코로나19의 영향으로 전년 동기 대비 92% 감소했다.

이는 당시 기준으로 역대 최대 감소폭이었다. 중국에서 공장이 재가동되더라도, 언제든 확진자가 나오면 공장 생산이 곧바로 중단되는 상황이었다. 실제 중국 현지에서는 '푸궁난(復工難, 업무 복귀의 어려움)'이라는 신조어가 나올 정도로 공장 가동이 제대로 이루어지지 못했다.

어려웠던 2019년 경제를 뒤로하고, 2020년 들어 완만하게 회복되는 구간을 맞이하는 듯했으나, 다시 한번 어려운 상황이 찾아왔다. '더블 딥'이 현실화된 것이다.

세계 경제는 반등하는가 싶더니 코로나 쇼크로 주저앉았다. 세계 경제는 곤두박질쳤고, 1930년대 대공황 이후 가장 충격적인 세계 경제성장률 −3.1%를 경험하게 되었다.

이례적 경기 충격과 이례적 통화정책의 도입

매우 이례적인 일이 발생했다. 2020년 3월 2일 G7 재무장관 및 중앙은행 총재가 모인 컨퍼런스 콜 회의가 개최되었다. G7 국가에는 미국, 캐나다, 영국, 프랑스, 독일, 이탈리아, 일본이 포함되어 있다. 회의 후 발표한 공동 성명서(joint statement)에는 코로나19로 인한 세계 경제에 미치는 영향에 대응하기 위해 모든 적절한 정책 수단을 동원하겠다고 선언했다.

그리고 3월 4일 미 연방준비제도는 기준금리를 0.5%p 인하했다. 0.25%p씩 금리를 조정하는 일명 '그린스펀의 베이비 스텝' 원칙에서 벗어난 '0.5%p 빅컷(big cut)'이다. 글로벌 금융위기 당시인

2008년 이후로 처음 있는 일이다.

더욱이 정례회의가 아닌 긴급 인하였다. 2020년 3월 17~18일 FOMC 정례회의를 2주가량 앞둔 상황에서 긴급한 결정이 내려졌다는 면에서도 매우 이례적인 일이었다. 글로벌 금융위기 당시인 2008년에도 정례회의와는 별도로 금리 인하를 단행한 바 있다.

미국 연방준비제도는 3월 4일 0.5%p 기준금리 인하를 단행한 데 이어, 3월 16일 1.0%p 추가 기준금리 인하를 단행했다. 2주도 안 되는 기간에 역사 속에 남을 일들이 벌어진 것이다. 이처럼 강력한 기준금리 인하 카드를 2주도 안 되는 시간 동안 꺼내 들었음에도 시장의 반응이 미온적이자, 미국 연방준비제도는 무제한 양적완화(Unlimited Quantitative Ease)를 발표했다. 국채와 주택저당증권(MBS)를 여건에 따라 무제한으로 매입하고, 매입 대상에 회사채까지 포함하기로 했다.

2020년 상반기에 발생한 코로나19의 충격은 세계 각국의 통화정책이 이례적으로 움직이게 만들었다. 캐나다, 영국, 호주 등의 선진국 그룹들은 기준금리를 인하했고, 적극적으로 유동성을 공급했다.

유럽중앙은행(ECB, European Central Bank)과 일본은행(BOJ, Bank of Japan)은 이미 0%대 금리를 유지하고 있어, 상당한 수준의 유동성

공급을 진행했다. 터키, 남아프리카공화국, 멕시코, 브라질 등과 같
은 신흥개도국들도 매우 적극적으로 기준금리를 인하하는 등 완
화적 통화정책을 단행했다.

한국도 마찬가지였다. 한국은행은 2020년 3월 16일 임시 금융
통화위원회를 열고, 기준금리를 1.25%에서 0.75%로 0.5%p 인하
했다. 역사상 가장 낮은 기준금리 시대가 도래한 것이다. 더욱이,

코로나19 이후 세계 주요국 통화정책

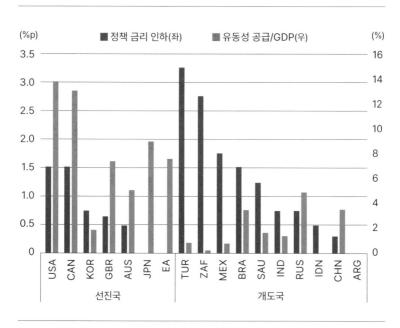

자료: IMF(2020.7) G20 Surveillance Note

임시 통화정책 회의를 열었던 일은 9.11 테러 직후인 2001년 9월과 2008년 10월 글로벌 금융위기 이후로 처음 있는 일이었다.

2020년 5월 28일 한국은행은 기준금리를 0.25%p 추가 인하했다. 한국은 한 번도 경험해보지 못한 0.5%라는 '최'저금리 시대를 맞이한 것이다.

더욱이 한국은행은 사상 처음으로 금융회사에 유동성(자금)을 무제한 공급하기로 결정했다. 매주 화요일에 정례적으로 91일 만기의 환매조건부채권(RP)을 일정금리 수준에서 매입하기로 결정한 것이다. 매입 한도를 사전에 정해두지 않고, 시장 수요에 맞춰 금융기관의 신청액을 전액 공급하는 통화정책이었다.

이렇게 세계 경제는 그동안 경험해 보지 못한 극단적인 통화정책을 동원해 경제 위기에 대응했던 것이다.

팬데믹 이후 세계 경제의 흐름

2021년 세계 경제는 회복세가 뚜렷하게 진전되어왔고, 2022년에는 전쟁 등의 영향으로 회복세를 방해받는 듯한 모습이다. 국제기구들은 그럼에도 불구하고 세계 경제가 2023년까지 팬데믹 위기 이전 수준으로 돌아가는 흐름이라고 판단하고 있다. IMF, 세계은행, BIS, OECD와 같은 국제기구들은 한목소리를 내고 있다. 백신을 성공적으로 도입한 국가들을 중심으로, 기업들이 적극적인 생산 활동과 기술 교류 등을 진행하며 신산업 등에 투자를 진척시키고 있다.

2020년부터 각국이 단행했던 확정적 재정정책과 완화적 통화정책의 효과가 더해지고, 내구재 소비가 뚜렷하게 회복되듯 가계의 소비 활동도 상당히 강하게 전개되고 있다. WTO는 억눌렸던 교역이 활발하게 전개되고, 원자재를 비롯한 주요 교역 품목의 가격이 상승함에 따라 수출도 뚜렷하게 반등했다.

델타 변이 등과 같은 돌파 감염 확산이 하나의 변수로 등장하긴 했지만, 세계 주요 기구들은 우려할 만한 수준은 아니라고 강조하고 있다. 백신 접종이 상당한 수준에 도달한 나라들이 '일상으로의 복귀' 즉, 위드 코로나를 선언하며 코로나19와 함께하는 방법을 선택하는 나라들이 등장했다.

치료제의 개발 등으로 코로나19가 종식된다면 세계 금융 시장과 실물경제는 강력한 급반등을 보이겠지만, 변이 바이러스라는 변수를 안고 살아가는 위드 코로나를 가정한다면 완만한 회복세를 보일 것이다.

긴축 이후 세계 경제 전망

IMF는 2022년 세계 경제 성장률을 3.6%로 전망했다. 2021년 10월까지만 해도 2022년 세계 경제는 4.9% 성장할 것으로 보았지만, 2022년 1월 4.4%로 하향 조정했다. 종전에 생각했던 것보다 공급망 병목 현상이 장기화하거나, 델타 변이가 등장하면서 회복세가 주춤해지는 모습이었다.

IMF의 2022년 세계 경제 전망

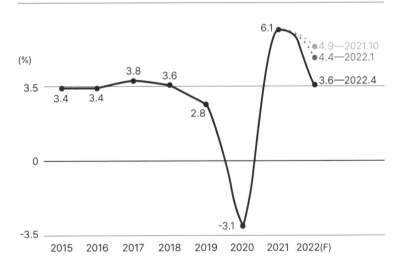

자료: IMF(2022.4) World Economic Outlook
주: 2021년 10월과 2022년 1월 기준의 전망은 각각 점선으로, 2022년 2월 기준의 전망은 실선으로 표시

더딘 흐름일지라도 세계 경제는 회복세를 진전시켜나가고 있었는데, 2022년 2월 러시아의 우크라이나 침공이 세계 경제를 공포로 내밀었고, 원자재 가격의 폭등을 비롯한 초인플레이션을 초래했다.

2022년 4월 들어 IMF의 세계 경제 성장률 전망치는 추가적으로 하향조정되었고, 4%마저 밑도는 3.6%의 전망치를 발표했다. IMF가 경제 전망 보고서의 부제로 채택한 문장 '전쟁이 세계 경제의 회복을 지연시켰다(War sets back the global recovery)'가 세계 경제의 흐름을 잘 보여주고 있는 듯하다.

예상했던 것보다 뚜렷한 성장세는 아니었지만, 팬데믹 경제 위기로부터 회복되는 국면에 있는 것은 사실이다. 성장률이라는 숫자를 해석하는 데 유의할 점이 있다. 2022년 세계 경제 성장률이 2021년에 비해 하락하는 흐름을 보고, 2021년보다 2022년이 '안 좋아진다'라고 해석해서는 안 되겠다.

2020년 세계 경제가 −3.1%로 추락했음을 고려해보자. 2021년 세계 경제 성장률이 기저 효과에 따라 숫자만 크게 나타났을 뿐이다. 2021년에 이어서 2022년에는 코로나19 이전 수준의 성장세로 다시 회귀하는 흐름을 유지하고 있는 것이다.

긴축 이후 한국 경제 전망

많은 나라가 코로나19와의 공존을 선택했다. 세계는 바이러스 박멸이 불가능한 것임을 인식하기 시작했다. 코로나19를 어쩔 수 없이 삶의 일부로 받아들여야 한다는 공감대가 세계적으로 퍼져나가고 있다.

이러한 움직임을 서구에서는 '리빙 위드 코비드19(Living With Covid-19)'이라고 부르고, 우리나라에서는 '위드 코로나(With Corona)'라고 부른다. 백신 접종을 통해 '팬데믹(세계적 대유행병)'에서 '엔데믹'(지역 풍토병)으로 바이러스의 영향력이 줄었기 때문이다. 엔데믹인 계절 독감처럼, 국가의 통제를 따르는 것이 아니라 개인이 자율적으로 결정할 수 있도록 많은 국가가 움직이고 있다. 한국도 단계적 일상 회복을 시작했다.

2022년 하반기 한국 경제는 매우 더딘 경기 흐름을 보일 것으로 전망한다. 일상 회복과 함께 자영업 경기를 비롯한 대면 서비스업을 중심으로 회복세가 이어질 것이지만, 다양한 대외 악재로 인해 험난한 회복 국면을 맞이할 것으로 판단한다. '숫자상으로' 회복세일 뿐 경제 주체들은 그 회복세를 실감하기 어려울 것으로 보인다.

2022년 하반기 한국 경제에 관한 전망은 다음과 같은 세 가지 시나리오를 전제로 하겠다. 시나리오1은 시장 컨센서스에 부합하는 중립적인 가정이다. 그 밖의 낙관적 혹은 비관적 전망은 2022년 상반기에 가장 큰 변수가 되는 조건들이 긍정적 혹은 부정적으로 전개되느냐에 따라서 크게 갈릴 것이다.

첫째, 새로운 방역체계인 위드 코로나 시대가 왔고, 큰 차질 없이 단계적 일상 회복이 진행되고, 2022년 상반기와 같은 수준의 인플레이션 현상이 지속될 것이라는 전제가 시나리오1이다.

2022년 한국 경제는 '나름의 회복세'를 보일 것으로 전망한다. 위드 코로나를 선언한 (예방접종 완료율이 높은) 국가 간의 교역이 늘어나고, 대규모 박람회나 스포츠 행사가 정상적으로 개최되고, 기업인들의 교류와 해외여행이 점진적으로 증가할 것이다. 체감경기는 그렇지 못하겠지만, 경제는 규모면에서 팬데믹 위기 이전 수준으로 돌아갈 것이다. 한국 경제는 2.5% 수준의 회복세가 나타날 전망이다.

2022년 하반기 한국경제 전망에 대한 전제

시나리오1 (기준)	중립적 시나리오: 단계적 일상회복(위드 코로나), 인플레이션 현상 지속
시나리오2	낙관적 시나리오: 전쟁 연내 종식, 인플레이션 완화, 코로나19 완화
시나리오3	비관적 시나리오: 전쟁 격화, 코로나19 재확산, 신흥국 외환위기

둘째, 시나리오2는 매우 낙관적인 상황을 전제한다. 전쟁이 연내 종식되고, 인플레이션이나 코로나19의 불안도 완화되는 상황일 때의 한국 경제다. 공급망 병목 현상이 완화되며, 중국의 봉쇄 조치가 해제되면서 2022년 상반기 수준의 물가 상승세가 멈출 경우, 주요국들의 긴축적 통화정책의 행보도 극단적이지 않을 수 있다.

여행 서비스를 비롯한 관광 및 전반적인 대면 서비스업이 뚜렷하게 회복될 것이다. 자영업자들의 창업이 적극적으로 시작되고,

2022년 한국 경제 전망

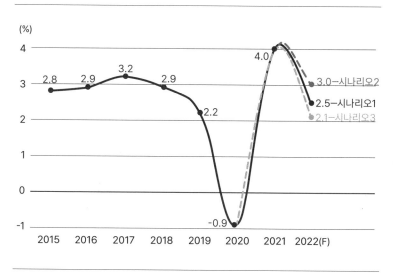

자료: 김광석(2022.6), 『긴축의 시대』, 21세기북스
주: 시나리오1은 기준이 되는 중립적 전제, 시나리오2는 낙관적 전제, 시나리오3은 비관적 전제를 의미

상가 공실률은 떨어진다. 세계 교역이 활발해지고, 기업들도 매우 적극적으로 투자를 단행하면서 고용 충격도 빠른 속도로 해소될 것이다. 이 경우 한국 경제는 3.0% 수준의 강한 성장세를 유지할 것으로 전망된다.

시나리오3은 가장 비관적인 상황을 전제한다. 시나리오3의 경우 코로나19가 재확산함에 따라 방역 수준을 다시 강화할 것으로 가정한다. 새로운 방역체계에 진입한 것이 무색해지는 상황이다. 2020년 2분기 당시만큼은 아니겠지만, 불확실성이 다시 고조되면서 기업들이 안정적인 매출처만으로 국한해 소극적 투자를 단행할 것이며, 고용을 비롯한 내수 회복이 뚜렷하게 나타나기 어려워진다. 러시아-우크라이나 전쟁이 격화하고, 인플레이션 불안이 더 고조될 수 있다.

이렇게 전제할 경우, 주요국들은 빅스텝 기준금리 인상 속도를 지속할 것이고, 신흥국으로부터 급속한 자금 유출이 일어남에 따라 신흥국 외환위기로 번질 수 있다. 1994년 데킬라 위기가 재연될 수 있다는 것이다. 이러한 대외여건은 한국 경제 회복에 상당한 걸림돌로 작용할 수 있다. 따라서 한국 경제는 잠재성장률을 크게 밑도는 2.1% 수준의 미진한 회복세를 나타낼 것으로 전망한다.

신흥국 위기, '테킬라 위기' 재현될까?

테킬라 위기란 한 국가의 경제 위기가 주변국으로 번지는 현상을 일컫는다. 데킬라는 멕시코 특산의 다육식물인 용설란의 수액을 채취한 즙을 증류시켜 만든 멕시코의 전통술을 가리킨다. 독한 멕시코 테킬라에 이웃 나라들이 모두 취한 것처럼 경제 위기가 파급된 데서 나온 말이다.

1994년 12월 외환 사정 악화로 멕시코는 금융 위기에 처했다. 이에 따라 멕시코 페소화 가치가 급락하자, 아르헨티나, 브라질 등 남미국가들로 위기가 확산한 바 있다. 이러한 현상을 테킬라 효과(tequila effect)라고 한다.

유사한 개념으로 바트 효과(baht effect)가 있다. 1997년 태국 중앙은행에서 변동환율제를 도입하고, 태국의 공식 화폐인 바트화가 폭락하면서 외환위기가 발생했다. 7월에 태국의 바트화가 폭락하면서 아시아 주변국으로 외환 위기가 번진 일이 있다. 필리핀 페소, 말레이시아 링깃, 인도네시아 루피아화 등 주변 국가들의 화폐 가치가 동반 폭락하면서 외환위기가 발생한 것이다. 태국 바트화의 가치 폭락이 그 시발점이 되었다는 사실을 비유해서 '바트 효과'라고 한다.

신흥개도국 위기 가능성이 고조되고 있다. 러시아 우크라이나 전쟁이 장기화함에 따라, 서방의 경제 제재가 확대되고 이에 따라 공급망 혼란과 물가 상승 압력이 가중되고 있다. 세계은행은 올해에만 에너지 가격이 50%, 식품 가격은 23%나 더 상승할 것으로 전망했다. 사태가 장기화할 경우 상승률이 더 높아지고 변동성도 더 커질 수 있다고 경고하고 있다.

이에 따라 에너지 및 식량과 같은 필수품 확보에 어려움을 겪는 취약 개도국이 증가하고 있다. 안보 위협이 심각해지고 있고, 재정난에 따른 디폴트 가능성도 증대되고 있다. 달러 강세 기조가 장기화함에 몇몇 개도국들로부터 자금이 급격히 이탈하고 있고, 이에 따라 위기 가능성이 더욱 고조되는 상황이다.

그야말로 복합 위기의 경제다. 코로나19 사태가 아직 끝나지 않은 데다, 전쟁이 장기화하면서 공급난이 심각해지고 있다. 주요국의 빅스텝 금리 인상 행보는 개도국들의 자금 유출로 이어지며 개도국 위기 가능성이 제기되고 있는 형국이다. 펀더멘탈이 취약한 저소득 개발도상국들이 디폴트(채무상환불이행)에 직면할 위험이 고조되고 있다.

따라서 취약 개도국들에 대한 모니터링을 강화하고, 잠재적 위험이 감지될 때 선제적으로 대응할 수 있도록 해야 하겠다. 특히 해당국 공급업자나 현지 법인 및 파트너사를 중심으로 위험을 관리함으로써 테킬라 효과가 전이되지 않도록 해야 하겠다.

CHAPTER 14

부동산과 주식,
어떻게 투자할 것인가?

새로운 경제 상황으로 접어드는 지금,
부동산과 주식 시장은
어떤 추세를 보일 것인가?
이를 전망해보고 새로운 질서에
적응할 준비를 시작하자.

자영업자의 위기가 부동산에 끼친 영향

이제 긴축의 시대로 통화정책의 전환이 일어난다는 것을 이해했다. 그러면 이 긴축의 시대, 우리가 처한 이 경제 환경은 도대체 어떻게 변화할지 그 흐름을 읽어보겠다.

첫 번째로 강조하고 싶은 것은 상업용 부동산 시장이다. 부동산 시장이라고 하면 보통 주거용 부동산 시장, 특히 아파트만을 생각한다. 하지만 부동산 시장은 상업용 부동산 시장과 주거용 부동산 시장으로 구분할 수 있다.

먼저 상업용 부동산 시장에 대해 살펴보려고 한다. 상업용 부동산 시장에는 오피스(사무실)가 있고 중대형 상가, 소형 상가, 오피스

텔 등도 있다. 그런데 코로나19 하면 직장인 여러분은 어떤 단어가 떠오르는가? 바로 재택근무가 떠오를 것이다. 기업에서 재택근무가 많아지다 보니까 오피스의 필요성이 줄어들었다. 심지어 코로나19를 계기로 아예 재택근무 시스템을 도입한 기업도 있다. 더군다나 코로나19 상황에 디지털 인재들, 주로 개발자들이 어느 회사에 취업할까 혹은 이직할까 고민할 때, 재택근무를 하느냐 여부를 고려하게 될 것이다.

기업 입장에서는 재택근무를 활용하면 더 좋은 점이 있다. 재택근무를 시도해본 결과 의외로 생산성이 안 줄고 임차료는 감소한다는 것을 알게 되었다. 공간을 줄이니까 임차료가 줄고 이것은 엄청나게 비용 효율적인 일이다. 이것을 깨달은 기업들이 재택근무를 활용하면 당연히 상업용 부동산 시장에 공실이 늘어날 것이다.

또 하나 중요한 게 바로 자영업자다. 코로나19는 자영업자에게 가장 큰 충격을 가져다줬다. 코로나19의 고용 충격이 자영업자에게 찾아왔다. 우리나라의 취업자가 약 2,700만 명인데, 그중 일부가 임금근로자, 소위 직장인이다. 그리고 또 한 가지가 비임금근로자로, 기준에 따라 좀 다르긴 하지만 대체로 자영업자라고 부른다.

2019년부터 자영업자는 계속 줄었다. 2020년에는 21만 명 정도가 감소했는데, 그 이유는 비임금근로자 10만, 임금근로자 10만이

취업자 증감 추이

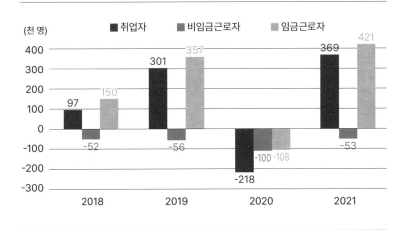

자료: 통계청

비임금근로자 증감 추이

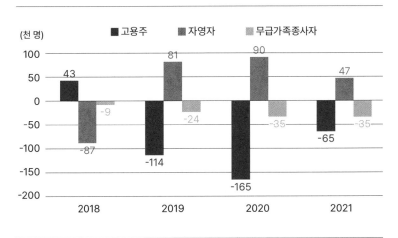

자료: 통계청

감소했기 때문이다. 그러다 2021년이 되어서 임금근로자가 폭발적으로 다시 제자리로 돌아왔다. 채용이 엄청나게 늘어난 것이다. 그런데 자영업자는 2021년에 한 번 더 줄었다. 거리 두기 조치 때문에 폐업 열풍이 일었던 것이다.

비임금근로자는 세 가지로 구분한다. 고용주, 자영자 그리고 무급가족종사자가 그것이다. 식당을 하는데 직원 한 명이라도 데리고 일하는 사람이 고용주다. 그리고 자영자는 예를 들어 혼자 식당을 운영하는 사람이다. 한편 식당을 운영하는데 아내가 무급으로 도와준다면 아내도 취업자이므로 무급가족종사자다. 무급가족종사자도 자영업자로 볼 것이냐 보지 않을 것이냐에 따라서 표현이 좀 달라지지만, 국제 기준에서는 무급가족종사자도 자영업자에 포함한다.

2019~2020년에 가장 큰 충격은 받은 사람은 고용주다. 쉽게 말하면 한 명이라도 인력을 데리고 일하는, 어떻게 보면 나름 큰 사업을 운영하는 사업자가 대폭 조정된 것이다. 그런 과정에서 자영자가 늘었다. 자영자가 는 이유는 고용주가 자영자로 바뀌었기 때문이다. 결국 큰 식당을 운영하다가 폐업하고 작은 식당이라도 하는 것이다. 2021년에도 고용주는 여전히 줄었다. 그리고 자영자는 여전히 늘었다. 이것은 무슨 뜻일까? 대형 식당 하던 자영업자가

한국의 상업용 부동산 임대가격지수 추이

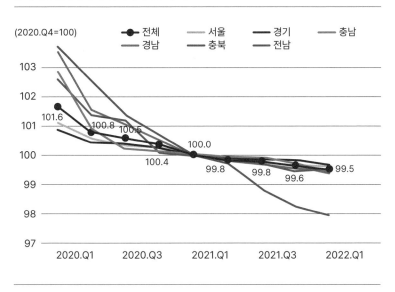

자료: 한국부동산원

작은 식당으로, 영세 사업자로 전환되는 모습이다.

상황이 이렇다 보니 상업용 부동산 시장에는 오피스라든가, 중대형 상가라든가, 소형 상가 임대 가격 지수는 떨어지는 흐름이다. 지역마다 천차만별이겠지만, 가장 많이 조정되는 지역이 충북 지역 같은 경우 더 크게 떨어지는 것이다. 충북 지역의 경우에는 인구 감소 현상까지 맞물렸다. 도시 소멸 현상, 고령화 현상 등도 맞물리면서 임대가격지수가 더 떨어지는 모습이 지배적으로 나타난다.

상업용 부동산 시장의 회복

상업용 부동산 시장을 볼 때 꼭 유념해야 하는 변수가 바로 공실률이다. 공실률 추이를 보면 지금 상업용 부동산 시장의 가격이 저점인가 고점인가를 확인할 수 있기 때문이다. 공실률이라는 개념 자체가 수요와 공급의 결과물이다.

오른쪽 그래프를 보면 중대형 상가의 공실이 계속 늘고 있다. 중요한 현상이다. 공실이 계속 늘기만 하는 것은 큰 식당들이나 큰 유통업체가 조정된다는 뜻이다.

좀 특이한 사항은 2021년 1분기에 소규모 상가의 공실률이 급격히 떨어졌다는 것이다. 그 이유가 뭘까? 겨울을 맞이해서 큰 식당을 폐업하는 대신 작은 식당이라도 운영하기로 하면서 소규모 상가의 공실이 채워지기 때문이다. 고용 통계를 가지고 이런 해석을 해볼 수 있는 것이다. 그래도 영세 자영업자들이 계속 힘들어지고 폐업이 늘어나면서 소규모 상가의 공실률도 계속 늘어나는 모습을 보인다. 한 번 줄었을 뿐 이후에도 계속 늘어나는 것이다.

또한 자영업자는 폐업을 했어도 취업을 하는 경우가 드물다. 대형 식당을 했다가 소형 식당으로 바꾸든 업종을 바꾸든, 업태와 업종과 사이즈를 조정하면서 여전히 자영업자로 머물지 취업하는

한국의 상업용 부동산 공실률 추이

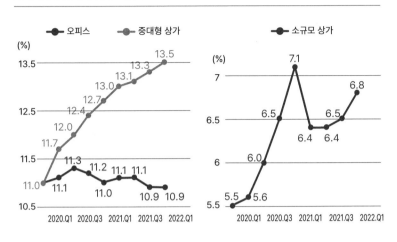

자료: 한국부동산원

경향성은 찾아보기 힘들다.

위의 그래프에서 보듯 2022년 1분기까지 상업용 부동산의 공실률이 고점이다. 특히 중대형 상가의 공실률이 완전히 고점이다.

그런데 2022년 2분기인 4~6월에 무슨 일이 있었는가? '위드 코로나' 선언이 있었다. 소비자 심리는 이미 돌아온 상태에서 거리두기 단계가 조정되면서 자영업자들이 24시간 내내 영업할 수 있게 되었다. 회식 손님도 받을 수 있게 되었다. 그러므로 매출액이나 영업이익 등 여러 가지 관점에서 저점이었다가 회복되는 구간이었던 것이다.

그렇기 때문에 폐업했던 자영업자들도 다시 창업을 시도할 수 있다. 그러면서 폐업 열기보다 창업 열기가 더 커지고, 자연히 공실이 채워지는 것이다. 이런 위드 코로나의 흐름과 함께 기준금리 인상의 시대에는 경제의 탄탄한 회복이 뒷받침되기 때문에, 상업용 부동산 시장만큼은 상승의 기회를 엿볼 수 있다.

사실 모든 자산 가치가 폭등했고 부동산 가치도 폭등했는데, 한 가지만 급락했다. 그게 바로 상업용 부동산 시장이었다. 그러나 코로나19의 충격을 받았던 상업용 부동산 시장은 다시 제자리로 돌아온다. 수요와 공급에 매칭으로 인해서 다시 저점을 딛고 회복되는 기조다.

주거용 부동산 가격은 계속 오를까?

이제 두 번째로 주거용 부동산 시장을 살펴보자. 우리는 어떻게 하면 부자가 될 수 있을까? 그냥 성실히 일하는 것만으로는 부자가 되지 않는구나. 이 세상과 경제가 어떻게 굴러가는지 아는 사람이 부자가 된다. 부동산 시장, 소위 말하는 주거형 부동산 시장에 투자하는 데 있어서도 마찬가지다. 금리라는 관점에서 경제 여건의 변화 속에서 부동산 시장에 어떤 변화가 있을지를 중점을 두고 지금부터 설명하려 한다.

부동산 시장을 판단할 때는 먼저 수요를 봐야 한다. 두 번째는 공급을 봐야 한다. 그리고 거시경제 여건을 봐야 한다. 수요와 공급을 우선적으로 봐야 하지만, 이것과 상관없이 거시경제 여건에 따라서 부동산 시장이 또 움직일 수 있기 때문이다.

다음 그래프에서 보듯 매수우위지수가 크게 떨어졌다. 매수우위지수는 매수세가 강하냐, 매도세가 강하냐 하는 것인데, 이 지수가 떨어진다는 말은 매도세가 강하고 매수세는 약하다는 뜻이다. 왜 이런 현상이 발생할까? 기준금리 인상이 시작되었기에 이제 같은 집을 사더라도 대출을 받으려면 더 큰 비용을 내야 하기 때문이다. 이처럼 매수우위지수가 떨어지는 것을 보면 수요가 위축되었다는 것을 알 수 있다.

이것이 전반적인 수요라면, 이번에는 '내 집 마련' 수요를 살펴보겠다. 전세 세입자가 내 집 마련 시도를 얼마나 하는가를 판단하려고 한다. 그런 관점에서 전세수급지수를 한번 들여다볼 텐데, 이 지수가 계속 오르면 공급이 부족하다는 뜻이다. 반면 전세수급지수가 떨어지면 공급이 충분하다는 뜻이다.

매수우위지수 추이

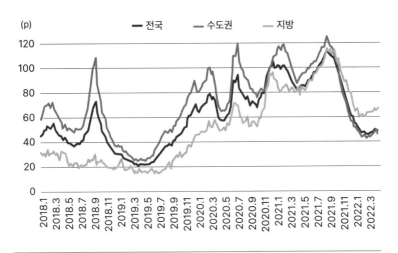

자료: KB국민은행, 주간KB주택가격동향
주1: 매수우위지수 = 100 + "매수자 많음" 비중 - "매도자 많음" 비중(조사항목 : 매수자 많음, 비슷함, 매도자 많음)
주2: 매수우위지수는 0~200 범위 이내이며 지수가 100을 초과할수록 '매수자가 많다'를, 100 미만일 경우 '매도자가 많다'를 의미

공급이 부족했던 시대에서 이제 공급이 부족하지 않은 시대로 우리는 가고 있다. 왜 그럴까? 공급이 부족할 때 많은 세입자가 내 집 마련에 성공한 것도 한 요인이다. 집값이 올라갈 것이라는 기대감과 함께 내 집 마련에 이미 성공한 사람이 많다.

이런 추세도 금리를 통해 해석할 수 있다. 지금까지는 금리가 떨어지던 시점이었으니까 집주인들이 전세보다 월세를 공급하고 싶어 했다. 그래서 전세 공급 물량이 줄어들면서 전세난이 왔다. 그런

(p)

— 전국 — 수도권 — 지방

자료: KB국민은행, 월간KB주택가격동향
주1: 전세수급지수=100+공급부족-공급충분
주2: 0~200 범위 이내의 값을 가지며, 100을 상회하면 '공급부족 현상'

데 이제 다시 금리가 올라가고 있으니까 월세보다는 전세 선호 현상이 다시 생길 수 있다. 그러면 당연히 전세수급지수가 떨어지고 전세 공급이 늘어날 것이다.

이런 여러 가지 요소가 맞물려서 전세수급지수가 안정화되고 있기 때문에 전세 구하기가 2020년처럼 어렵지는 않을 것이다. 그러면 전셋집에 그냥 눌러 살려는 세입자도 늘어난다. 앞으로 집값이 떨어질 것 같은데 뭐 하러 지금 집을 사느냐고 생각하는 것이

지역별 주택가격전망(CSI) 추이

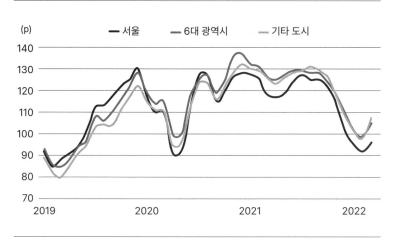

자료: 한국은행

다. 그 결과 수요가 위축된다.

　수요를 보는 데 또 한 가지 중요한 잣대가 있다. 그 잣대 중 하나가 여러분의 전망이다. 국민 개개인이 앞으로 주택 가격이 떨어질 거라고 전망한다면 집을 사겠는가? 안 살 것이다. 반대로 앞으로 집값이 오를 거라고 전망하면 집을 살 것이다. 이것을 바탕으로 주택가격전망(CSI)이라는 지표가 나온다. 이 지표를 보면 상당히 많이 떨어져 있고, 수요가 상당히 미진한 모습이다. 그러니까 수요가 그렇게 좋지 못한 상황이라고 볼 수 있다.

다음으로 공급을 보자. 특히 윤석열 신정부가 적극적으로 주택을 공급하겠다고 선언했다. 250만 호를 공급하겠다고 공약했는데, 사실 문재인 대통령 시절에도 주택 공급을 열심히 하겠다고 주장해왔다.

그런데 주택을 공급하려면 어떻게 해야 할까? 먼저 아파트 건설사들이 국토교통부에서 인허가를 받아야 한다. 인허가를 받았으면 그로부터 2년에서 3년 정도 만에 분양으로 이어진다. 따라서 인허가 실적이라는 것은 앞으로 분양 물량이 어떻게 될지를 먼저 확인할 수 있는 선행지표가 된다. 이런 선행지표를 바탕으로 앞으로

주택건설 인허가 실적 추이

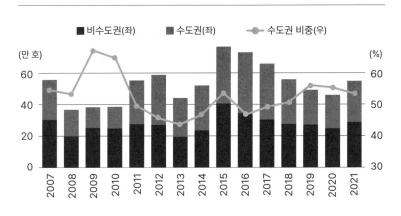

자료: 국토교통부

분양 물량이 늘어날지 줄어들지 공급 사이즈를 볼 수 있다.

다음 그래프에서 보듯 2020년까지는 인허가 실적이 계속 줄어들었다. 그러면 다른 말로 이게 그대로 움직인다면 2022년까지는 공급 물량이 줄어들 것이라는 것을 알 수 있다. 그러니까 2021년까지는 수요는 많은데 공급 부족으로 가격이 상승했었던 것이다. 근데 공급 물량이 인허가 건수가 2021년부터 다시 늘어난다. 이것은 문재인 정부의 정책 기조인 것이다.

여기에다 2022년, 2023년에도 인허가 건수가 늘어나 공급 물량이 많아질 것이다. 결국 수요는 좀 미진한데 공급이 폭탄이라고 한다면 전반적으로 가격 상승세는 잡힐 수 있다고 전망해볼 수 있다.

주택 가격 상승세는 둔화된다

정부는 그동안 집값 고점을 지속적으로 외쳐왔다. 그럼에도 집값은 계속 상승했다. 양치기 소년이 '늑대가 나타났다'고 외쳐도 사람들은 더 이상 믿지 않는다. 결국 국민들은 정부의 말을 믿지 않고 '패닉 바잉'을 시작했고, 매수세가 강하게 이어지고 있다. 다주택자들 역시 막대한 세금을 부담해야 하는 매매 대신 증여를 선택하고 있다. 이런 추세는 당분간 계속될 것으로 보고 있다.

다만 통화정책은 여전히 변수다. 금리가 추가로 인상되고, 정부가 유동성을 회수할 경우 돈의 가치가 커지게 된다. 이 경우 자산 가치가 조정 압력을 받을 수 있다. 이 때문에 상승 흐름은 과거보다 둔화될 것으로 보인다.

앞서 상업용 부동산 시장을 전망하기 위해 공실률을 봤듯 주거용 부동산 시장을 판단할 때 중요한 지표 중에 하나는 바로 미분양주택이다. 이것은 거의 정확한 지표라고 할 수 있다. 미분양주택

지역별 미분양주택 추이

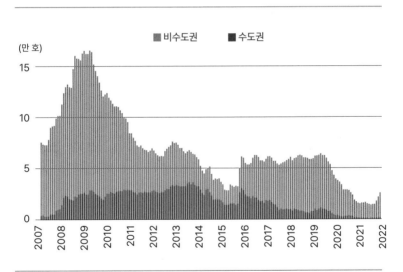

자료: 국토교통부 통계누리

건수가 줄어드는 구간에는 가격이 하락할 수 없다. 집이 다 팔리고 있기 때문에 가격이 오르는 것이다. 우리가 모두 아는 수요와 공급의 원리다.

그동안 미분양주택 건수로 보면 역사상 이렇게 낮았던 적이 없을 만큼까지 떨어졌다. 그랬다가 이제 미분양주택이 다시 늘고 있다. 공급 물량이 많아지고 수요는 미진하다면 미분양 물량이 더 많아질 것이다. 이런 흐름으로 전개되고 있기 때문에 이제 수요와 공급이라는 측면에서 상대적으로 하방 압력이 작용할 것으로 판단할 수 있다.

더군다나 기준금리 인상이 가파른 속도로 전개되는 과정에서 상대적으로 자산 가치의 상승 압력이 줄어들고 하방 압력이 작용할 것이다. 주거용 부동산 시장, 즉 아파트 매매 가격의 평균 증감률을 보면 하방 압력이 거의 지배적이라고 볼 수 있다.

2018년에 아파트 매매 가격이 급등할 때 2019년에는 조정하는 구간이 있을 것이라고 예측했었다. 실제로 2019년에 아파트 가격은 하락했다. 그렇게 하락하는 속에서 2020년에는 폭등할 거라고 예측했는데 실제로 2020년에 아파트 가격이 폭등했다. 2020년 폭등하는 와중에는 2021년에는 상승세가 둔화할 것이라고 예측했다. 그리고 2022년에는 더 크게 둔화될 것이다. 다시 말해 상승 압력이 많이 꺾일 것이다. 가격 상승세가 거의 제로에 가깝게, 거의 변동 없이 움직일 것이다.

　다만 반등하는 구간이 나타난다. 매수우위지수도 저점을 찍고 반등하고 전세수급지수도 주춤하는 흐름이 나온다. 여러분의 주택 가격 전망치도 이렇게 소폭 반등할 것이다. 신정부가 출범하고 규제가 완화되고 하면서 주택 가격이 다시 상승할 수도 있겠다는 분위기가 생길 것이다. 수요가 다시 뒷받침되는 흐름이 이어지면서 2022년 하반기에는 상승률이 조금은 살아날 것이다. 물론 2022년

아파트 매매가격증감률과 전세가격증감률 추이

에는 계속 둔화하는 흐름이 유지되겠지만 그래도 1분기보다는 2분기가 조금 상승 압력이 더 높을 것이다.

그런데 이렇게 말하면 차후에 '집값이 떨어진다더니 왜 안 떨어지느냐'라고 말하는 사람이 있다. 오해를 방지하기 위해 꼭 짚고 넘어가야 할 점이 있다. '집값이 떨어진다'는 게 아니라 '집값 상승세가 둔화한다'는 점이다.

예를 들어, 100원에서 200원으로 집값이 올랐다고 해보자. 그리고 200원에서 300원으로 집값이 또 올랐다. 100원씩 오른 것이다. 그런데 집값 '상승률'을 보면 상승률 자체는 하락한다. 이것이 '둔화'다.

상승률이 '둔화한다'와 '떨어진다'는 것 사이에는 엄연한 차이가 있다. 가격이 100원이었다가 200원으로 오르고 다시 300원으로 올랐다면, 가격이 같은 폭으로 올랐어도 상승세가 둔화하는 것이다. 그런데 가격이 100원 오르고 200원, 다시 100원으로 떨어졌다면, 이건 가격이 떨어지는 것이다.

다시 한번 강조하지만, 집값이 떨어지는 게 아니라 상승세가 주춤해진다고 봐야 한다. 사실 요즘 가격이 안 오르는 게 있는가? 물가도 오르고 다 오른다. 그러면 집값도 올라야 하지 않겠는가. 이것이 정상적인 경제다.

주식 시장, 반등은 있는가

앞서 말했듯 물가가 상승하고 기준금리를 올리면서 달러 강세가 나타날 것이다. 또한 우리나라는 스태그플레이션의 위협 앞에 있다. 이런 시점에는 주식 보유 비중을 줄이고 원자재에 투자해야 한다. 실제로 에너지뿐 아니라 그 밖의 원자재 식료품 원자재라든가 철, 비철, 금속 등의 원자재 가격도 주가 지표보다 흐름이 훨씬 좋다. 그래서 앞서 인플레이션에 투자하라고 강조한 것이다.

기준금리 인상 추이는 기본적으로 주가에 긍정적일 수는 없다. 그렇기 때문에 하방 압력으로는 계속 작용할 것이다. 양적긴축과 기준금리 인상을 계속 유지할 것이기 때문에 이처럼 실질적으로 긴축적 통화정책이 나타나는 과정에서 주식 시장에는 하방 압력이 생긴다. 왜냐하면 머니 무브먼트, 즉 돈이 계속 은행으로 움직이기 때문이다. 저축 금리가 올라가니까 사람들이 주식보다 은행에 저축하지 않겠는가. 많은 사람이 굳이 이런 불확실성을 안고 주식 투자할 필요가 없다고 판단할 것이다. 그냥 돈을 보유하는 게 안정적인 이자 수익을 만들어주니까, 그게 훨씬 유리하다고 생각하면서 돈이 은행으로 이동한다.

더군다나 달러 강세라는 환율 시장의 변화까지 같이 작용한다면 한국 코스피의 반등은 뚜렷하게 유지되기가 어려울 것이다. 오히려 더 어려워질 수도 있다.

다만 기준금리 인상과 빅스텝이라는 것은 선반영된 것이라고 볼 수 있다. 주가 지표는 보통 선행 지표 3개월에서 6개월 정도 선행해서 이미 여러 투자자가 빅스텝을 예상했던 것이기 때문이다. 빅스텝을 넘어 자이언트 스텝이 일어날 수도 있다고 생각하면서 미 연준의 행보보다 앞서서 움직인 것이다.

따라서 주가가 선반영된 것이라고 판단한다면 오히려 추가적인 조정은 나타나지 않을 것이다. 어떻게 보면 이런 박스권 장세에 계속 갇혀 있을 가능성이 크다.

변화 속에서 길을 잃지 말자

과거의 질서는 무질서가 되고, 새로운 질서가 등장한다. 그러면 과거의 표준은 더는 통용되지 않는 고물이 된다. 달라진 환경에 달라진 대응이 필요하다.

이처럼 달라지는 환경에 어떻게 대응할 것인가, 또 향후 부상할 자산에 투자하기 위해 내 소득을 지불하고 그 자산과 바꿀 것인가에 따라서 우리 개인은 경제 회복 정도가 체감될 수도 있고, 그렇지 않을 수도 있다. 그리고 나의 부가 늘어날 수도 있고, 아닐 수도 있다.

기원전 500년에 그리스 철학자 헤라클레이투스는 이런 말을 남겼다.

"변화를 제외하면 나머지 모든 것은 변화한다. 이 세상에 변화하지 않는 건 오직 변화 그 자체뿐이다."

이런 말도 했다.

"우리가 한 번 가봤던 강물을 다시 가볼 수는 없다. 왜냐하면 그 강물을 가보는 동안 그때 그 강물은 이미 흘러가 있기 때문이다."

심지어 기적이 일어나 그 강물이 멈춰 있을지라도 그 강물에 가는 동안 내가 이미 변해 있을 거라고 했다.

이처럼 우리는 끊임없이 변화하는 환경에 놓여 있다. 결국 우리는 이런 끊임없이 변화하는 환경에서 어떤 변화가 내 앞에 계속 전개될 것인지, 특히 금리라는 변화와 산업의 대전환 등을 계속 들여다보면서 그 변화에 걸맞게 살아가야 한다.

오늘을 살아가지만, 내일을 준비해야 한다. 내가 어느 곳에 와 있는지를 확인하면서 걸어야 한다. 그렇지 않으면 길을 잃곤 한다. 변화 속에서 길을 잃지 말고 계속 쫓아가자. 더 나아가 변화를 먼저 들여다보고 대응할 수 있는 사람이 된다면, 이런 긴축의 시대도 무섭고 어려운 경제가 아니라 충분히 기회를 발견할 수 있는 경제가 될 것이다.

© Bumsuk Kim

주요 키워드

기준금리

한 나라의 금리를 대표하는 정책금리로, 금리 체계의 기준이 되는 중심 금리. 한국은행의 최고 결정기구인 금융통화위원회에서 매달 회의를 통해서 결정한다. 한국은행이 제시하는 기준금리가 중요한 이유는, 한국은행이 채권의 매매나 금융기관의 지급준비율, 재할인율 같은 통화정책을 통해 통화량이나 물가, 금리에 영향을 주기 때문이다.

불균형 회복
divergent recoveries

코로나19 이후 선진국과 저소득국이 백신 접종 속도가 다르기 때문에 경제 회복 속도도 다르게 나타나는 현상을 말한다. 2022년의 세계 경제 회복은 선진국들을 중심으로 나타날 뿐 개발도상국이나 저소득 국가들은 어려운 국면에 놓여 있다.

병목 현상
bottleneck

원래 병의 목 부분처럼 넓은 길이 갑자기 좁아지면서 일어나는 교통 정체 현상을 뜻한다. 경제용어로 쓰일 때는 생산능력이 수요를 따라잡지 못해 물가가 상승하는 현상으로, 수요가 갑자기 늘었는데도 공급이 부족해 가격이 폭등하는 경우를 말한다.

탈세계화
deglobalization

세계화를 벗어나자는 주장이나 현상을 뜻한다. '세계화'와 반대로 세계 여러 나라가 정치, 경제, 사회, 문화, 과학 등 다양한 분야에서 타국과 교류하지 않으려고 하는 현상이다. 코로나 팬데믹을 계기로 탈세계화의 움직임이 시작되었다.

초인플레이션
hyper-inflation

통제가 불가능할 정도로 극심한 인플레이션 현상이 나타나는 상황을 뜻한다. 전쟁, 극심한 경제 불안 등으로 물가가 급등하는데도 정부가 이를 통제하지 못하고 화폐 발행을 남발하는 경우, 짧은 시간 만에 물가가 몇 배씩 치솟는 등 물가상승률이 통제할 수 있는 범위를 벗어나게 된다.

보복적 수요
pent-up demand

전염병이나 사회 문제 등으로 인해 일정 기간 억눌렸다가 상황이 완화되면서 폭발적으로 늘어나는 수요를 뜻한다. 코로나19의 발생으로 해소되지 못했던 수요가 백신 개발과 함께 '위드 코로나'로 돌아서며 폭증했다.

스태그플레이션
stagflation

경기 침체에도 불구하고 물가가 오히려 오르는 현상을 뜻한다. 침체를 의미하는 '스태그네이션(stagnation)'과 물가 상승을 의미하는 '인플레이션(inflation)'을 합성한 용어로, 경제 활동이 침체되고 있음에도 불구하고 지속적으로 물가가 상승하는 상태가 유지되는 상태.

기대인플레이션
expected inflation

기업 및 가계 등의 경제 주체들이 현재 알고 있는 정보를 바탕으로 예상하는 미래의 물가상승률이다. 물가가 장기간 상승하는 인플레이션이 지속되면 경제 주체들은 앞으로도 물가가 계속 상승할 것이라는 예상을 하게 된다. 이와 같이 경제 주체들이 예상하고 있는 미래의 인플레이션을 의미한다.

더블 딥
double deep

W자형 불황(W-shaped recession)이라고도 한다. 경제가 불황으로부터 벗어나 짧은 기간의 성장을 기록한 뒤, 얼마 지나지 않고 다시 불황에 빠지는 현상을 뜻한다.

테이퍼링
tapering

연방준비제도(Fed)가 양적완화 정책의 규모를 점진적으로 축소해나가는 것을 뜻한다. 사전적 의미는 '점점 가늘어지다', '끝이 뾰족해지다'라는 뜻으로, 2013년 5월 23일 벤 버냉키 미국 연방 준비 제도 의장이 의회 증언 도중에 언급하면서 유명한 말이 되었다.

슈퍼 스파이크	골드만삭스가 2005년 말 「글로벌 투자 보고서」에서 원
super spike	자재 가격 추이를 분석하면서 처음 사용한 말로, 원자재
	가격이 4~5년간 급등하는 단계를 의미한다. 원자재의
	수요가 급격히 증가하는 데 반해 공급이 이를 따라가지
	못하여 생기는 현상이다.

국제은행간통신협회	전 세계 은행들이 공동으로 정보를 공유하여 은행·증권
SWIFT, Society	사 등의 금융기관과 일반 기업들이 표준화된 금융 정보
for Worldwide	를 안전하게 교환할 수 있도록 지원하는 세계은행 간 금
Interbank Financial	융전자통신기구. 1973년 유럽과 북미의 약 230개
Telecommunication	은행이 은행 간 자금 이동 및 결제를 위한 데이터 통신
	시스템을 설치, 운용할 목적으로 결성했다.

KI신서 10278

긴축의 시대

1판 1쇄 발행 2022년 06월 15일
1판 2쇄 발행 2022년 06월 30일

지은이 김광석
펴낸이 김영곤
펴낸곳 (주)북이십일 21세기북스

인생명강팀장 윤서진 **인생명강팀** 남영란 강혜지
디자인 표지 김희림 본문 제이알컴
출판마케팅영업본부장 민안기
마케팅2팀 나은경 정유진 박보미 백다희
출판영업팀 이광호 최명열
제작팀 이영민 권경민

출판등록 2000년 5월 6일 제406-2003-061호
주소 (10881) 경기도 파주시 회동길 201(문발동)
대표전화 031-955-2100 **팩스** 031-955-2151 **이메일** book21@book21.co.kr

ⓒ 김광석, 2022
ISBN 978-89-509-0297-1 (03320)

(주)북이십일 경계를 허무는 콘텐츠 리더

21세기북스 채널에서 도서 정보와 다양한 영상자료, 이벤트를 만나세요!
페이스북 facebook.com/jiinpill21   **포스트** post.naver.com/21c_editors
인스타그램 instagram.com/jiinpill21 **홈페이지** www.book21.com
유튜브 youtube.com/book21pub

서울대 가지 않아도 들을 수 있는 명강의! 〈서가명강〉
'서가명강'에서는 〈서가명강〉과 〈인생명강〉을 함께 만날 수 있습니다.
유튜브, 네이버, 팟캐스트에서 '서가명강'을 검색해보세요!